O ZEN DA PESSOA
COMUM
Despertando no mundo dos apegos

CB064198

O ZEN DA PESSOA
COMUM

Despertando no mundo dos apegos

Eve Myonen Marko
Wendy Egyoku Nakao

© 2020 by Eve Myonen Marko and Wendy Egyoku Nakao

Título original: *The Book of Householder Koans: Waking Up in the Land of Attachments*

Todos os direitos desta edição são reservados.
© 2021 Editora Lúcida Letra

COORDENAÇÃO EDITORIAL: Vitor Barreto
TRADUÇÃO: Daien Eishin e Monja Tchoren
REVISÃO: Dirlene Martins, Madson Moraes e Joice Costa
PROJETO GRÁFICO, CAPA E DIAGRAMAÇÃO: Aline Paiva

1ª EDIÇÃO, 07/2021

Dados Internacionais de Catalogação na Publicação (CIP)

M346z   Marko, Eve Myonen.
           O zen da pessoa comum : despertando no mundo dos apegos / Eve Myonen Marko, Wendy Egyoku Nakao. – Teresópolis, RJ : Lúcida Letra, 2021.
           288 p. ; 21 cm.

           ISBN 978-65-86133-31-8

           1. Zen-budismo. 2. Koan. 3. Meditação. I. Nakao, Wendy Egyoku. II. Título.

                                                                CDU 294.3

Índice para catálogo sistemático:
1. Zen-budismo   294.3

(Bibliotecária responsável: Sabrina Leal Araujo – CRB 8/10213)

Aos Ancestrais do Chan e do Zen, cujos koans indicaram o caminho,

A Taizan Maezumi, cujo olho-no-olho atravessou um oceano,

A Bernie Glassman, que mergulhou profunda e amplamente,

E às pessoas comuns que praticam intimamente neste mundo de apegos.

Sumário

Prefácio [por Monja Coen] — 11
Introdução — 19

NO LAR — 25

Ensho: O Círculo de Completude — 26
Yakushi: A mulher que amo — 29
Laurie: É. Bem. Isso. — 32
Nena cuida de seu irmão — 36
Judith: O espelho da irmã mais velha — 40
Myogetsu: Sentar em silêncio — 44
Mary: O vômito — 48
Daian: A trepadeira de rosas — 52
Gemmon: Sombras — 55
Clemens: A caca permanece — 59
Selena: Sem qualificação — 62
Herman: Chorar — 65
Emma: Bolso de amor — 69
Jackie dá um presente — 73
Carlos: Uma pessoa imaginária — 77

CRIAR FILHOS — 81

Salaam: Não fazer o suficiente — 82
Myokan: "MANHÊ!" — 86
A lavanderia de Sara — 91
Christine: A criança que chama — 95
Myotai: Pequena bodisatva — 99

Martina: Monstro horrível	103
A cegueira de Liz	107
Esther: Eu, minha filha e cinco homens	110
Walter: Sem etiquetas	115
Deb: Cólica	119
Barbara: O que é melhor?	123
Judith: Vigília	126
Jinen: Os dentes de Daniel	130

NO TRABALHO — 133

Andrea: Nada	134
Myoki: Abertura	138
Jimmie: Café da manhã	142
Louise recolhe ovos	146
James: Verduras cozidas	150
Daishin: Sair de casa	153
Daikan: Nomes	157
Inzan: Semáforo vermelho	161
Darla Jean dobra toalhas	165
Roland: Dar um passo atrás	168
Patricia: McTenzo encontra seu lugar	172
Ryudo: Ontem e hoje	175
Dra. Ann cai numa armadilha	178
Martin: O sofrimento do mundo	182

PERDA, DOENCA, VELHICE & MORTE — 187

Robin: Fruta verde	188
Karen: A velha encontra um peixe	192
Jitsujo: Trabalho duro	196
Shunryo: A fralda da minha mãe	199
O corpo de Greg	203

Kanji: Uma boa morte, uma morte ruim	207
Enju: O infinito abismo negro	212
A mãe de Betsy pergunta	217
Helga vê sua própria morte	220
Vivianne: Culpando Deus	223

MUITOS PORTÕES DE PRÁTICA 229

Christina: Como sou patética!	230
Jeffrey: O Dr. Médico anda de ônibus	234
Ariel: Nirvana moderno	238
Shishin: Buda dourado	242
Myonen: Lobo branco	246
Butsugen: Minha língua está amarrada	250
A nova prática de Kit	254
Kodo: Pescador solitário	258
O sonho de Dantika	262
Penélope fala a verdade	266
Gyokuun: Geneticamente modificado	269
Chosui: Velho urso	272
Ando alimenta seu espírito faminto	276
Nomita vê os antepassados	280

Notas	283

O Zen da pessoa comum

[por Monja Coen]

A intimidade Zen de pessoas comuns, sem nada especial, é a proposta deste livro extraordinário. Ele trata do ordinário, de questões do dia a dia, de forma a transformar situações corriqueiras em ensinamentos, em práticas profundas de observação e libertação. São casos do nosso mundo, da nossa era, mesclados com casos do passado remoto, de onde surgiu a tradição Zen Budista e o uso de casos (koans).

É preciso desvendar, penetrar, tornar-se o koan. Descobrir o koan de sua vida, a questão principal, o essencial, é como passar pela porta sem portas do Ser.

Este é um trabalho precioso de Egyoku Nakao Roshi e de Eve Marco Roshi — duas grandes mestras Zen do presente, que residem nos Estados Unidos da América do Norte e no mundo.

Conheci Egyoku Roshi quando éramos ambas leigas e nos sentávamos lado a lado na sala de zazen do Zen Center de Los Angeles, na Califórnia. Há anos.

A intimidade de estar lado a lado, em silêncio, não é a mesma da camaradagem de quem conversa, brinca, bebe, passeia, confidencia. É um outro nível de relacionamento. Talvez tenhamos nos falado muito pouco durante os anos em que convivemos no mesmo espaço de prática.

Tenho algumas memórias vívidas, como a de quando ela quebrou uma das pernas e se sentava engessada, impedida de dobrar o joelho. Sua face japonesa, filha de mãe portuguesa, me era familiar. Ela praticava a cerimônia do chá, que só vim a conhecer muitos anos depois. Viera do Havaí.

Em certa ocasião, ausentou-se, pois fora praticar com outro grupo budista, Theravada, no qual ficou alguns meses. Voltou. Ela sempre voltava para o Zen Center, modificada, mais amadurecida.

Tornei-me monja enquanto ela ainda se questionava sobre hábitos monásticos.

Linda, alegre, sorridente, disposta. Apenas uma vez a vi triste, talvez cansada. Era de manhã, hora da faxina geral, e ao me ver entrar parou o que estava fazendo e perguntou:

"Você nunca fica entediada?"
"Não", respondi.

Naquela época eu nunca ficava entediada. A descoberta do Zen, o estudo de koans, tudo era muito interessante. Havia uma série de cem casos iniciais com os quais eu me mantinha estimulada a praticar.

Interrompi o uso de koans para ir ao mosteiro feminino de Nagoya, onde completei meus estudos.

Fui para o Japão. Ainda me lembrava de Egyoku Roshi e daquele encontro em que ela estava limpando a recepção do Instituto Kuroda, talvez entediada.

Mais tarde a vi ativa, leve, dedicada, participando das reuniões da Diretoria e se tornando discípula de Bernie Glassman. Nosso professor me ensinou a chamar Bernie de Tetsugen Sensei e depois Tetsugen Roshi – o primeiro discípulo transmitido de Maezumi Roshi, fundador do Zen Center de Los Angeles.

Anos depois reencontrei Egyoku Roshi no ZCLA e fiquei hospedada em sua casa. Ela se tornara a Abadessa do Zen Center de Los Angeles, nossa casa-mãe, onde muitos de nós iniciamos a prática Zen Budista.

Egyoku Roshi fez alterações no Zen Center de Los Angeles. Criou, por exemplo, um altar especial para Kannon Bodisatva, aquela ou aquele que observa profundamente os lamentos do mundo e atende às suas necessidades verdadeiras — símbolo da Compaixão Infinita. Também conseguiu uma imagem de Mahaprajapati Daiosho — a primeira monja histórica, mãe adotiva de Buda. A linhagem feminina, ainda pouco conhecida, ganhou uma nova dimensão: tornou-se visível na estátua de madeira de uma monja mulher. Uma Buda.

Conheci Eve Marko Roshi aqui no Brasil, quando veio representando seu marido, Bernie Glassman Roshi, no Fórum Social Mundial de Porto Alegre. Passeamos pelos parques da cidade, conversamos com pessoas locais e nos apresentamos nas tendas do Fórum.

Eve Roshi trouxe os valores, experiências e princípios da Ordem Zen dos Fazedores da Paz — Zen Peacemakers —, fundada por Bernie. "É preciso coragem para testemunhar o outro em mim e a mim no outro", ensinara ele em uma de suas grandes frases. Tornar-se testemunha do sofrimento, da dor e criar causas e condições de transformar pessoas e edificações em moradias do bem. Tarefa árdua e de sucesso iniciada em Nova York e que se espalha por muitos grandes centros do mundo. Vamos fazer a paz. Fazer acontecer a paz. Incluir, acolher e transformar com esforço, resiliência, sabedoria e ternura.

Eve Marko Roshi é ao mesmo tempo intensa e suave. Em 2020, nos encontramos virtualmente no memorial anual de Bernie, que faleceu no início de novembro de 2018. Entre vários discípulos e amigos, nos reunimos para comemorar sua vida, lembrarmo-nos juntos de feitos, de falas, de projetos, de sucessos, de alegrias, de surpresas e de saudades. Foi um memorial diferente, sem rezas, sem zazen, mas de grande amor e respeito. Esse encontro ocorreu logo após o retiro anual de Awschwitz-Birkenau, do qual pude participar durante quatro dias intensos de encontros virtuais devido à pandemia de 2020.

Assim, os ensinamentos aqui contidos são de duas grandes mestras engajadas socialmente — como todo Budismo o é — para o bem e a paz entre todos os povos, harmonia e respeito entre todos os seres.

O despertar da mente Buda significa o despertar da mente desperta. É preciso praticar, procurar para encontrar e, ao encontrar, praticamos e procuramos, sem fim e sem princípio.

Eishin Sensei (José Fonseca, praticante e professor leigo do Darma, um dos fundadores do Via Zen em Porto Alegre e pioneiro do Zen no Sul do Brasil) solicitou-me a escrever umas palavras sobre esta obra. Ele traduziu este livro com a monja Tchoren. Tive o privilégio de conhecê-la quando ainda era leiga, aqui no Brasil, e pude apresentá-la à sua atual orientadora, Egyoku Roshi. Por tudo isso, senti-me participante de uma obra que é e será de grande valor a quem procura o Caminho.

É importante traduzir para nossa época, na linguagem e com as analogias de nosso tempo, os ensinamentos preciosos dos casos (koans) Zen. Só assim poderemos torná-los nossos, compreendê-los em profundidade, entre carros e aviões, inteligência artificial, *lives*, plataformas digitais, panelas e fogões, filhos e filhas, trabalho, medo, angústia, ansiedade, tristeza, alegria, alimentação, drogas, discriminações, preconceitos, surtos emocionais e a grande libertação que a prática Zen pode nos proporcionar.

Aqui está uma obra a ser lida devagar, apreciando caso a caso, identificando-se com os vários aspectos de cada situação e lembrando que, ao nos libertar, estaremos libertando todos os seres.

Egyoku Roshi e eu fomos ordenadas monjas por Maezumi Koun Hakuyu Taizan Roshi Daiosho, fundador do Zen Center de Los Angeles, professor de Bernie Glassman e avô no Darma de Eve Marko Roshi. Uma única família da White Plum Asangha, na qual sou uma parente convidada.

Maezumi Roshi, a quem tive a honra de servir e à sua família antes de ir ao Japão para completar minha formação monástica, costumava repetir em seus últimos anos de vida: "Aprecie sua vida assim como é."

Pois que assim seja:

Apreciem.
Pratiquem.
Penetrem.
Despertem.
Beneficiem todos os seres.

Mãos em prece,

Monja Coen

Aos leitores brasileiros

Ao ler estas palavras neste instante, você é uma pessoa desperta — tudo é um milagre. A pessoa desperta é um Buda, e seu encontro com o *Zen da pessoa comum* é dádiva de todos os budas através do espaço e do tempo — nada é um milagre. A edição brasileira desta importante obra, seguindo de perto seu lançamento na língua de origem, é mérito da prática de seres inumeráveis. Como tradutores, buscamos honrá-los todos a cada frase pela busca incansável do significado e fidelidade ao espírito do texto.

Para tratar as diferenças entre a linguagem inclusiva do idioma inglês, que geralmente une os gêneros feminino e masculino numa só palavra, e a do português, em que o masculino é automaticamente usado em caráter unificador, utilizamos o masculino no corpo do texto e o feminino nas perguntas finais de cada capítulo. Possa isso ser, nessa longa jornada de mudanças envolvendo nossa língua, um seixo na pavimentação do caminho do meio.

Eishin Sensei e Monja Tchoren

Introdução

> A mãe dá instruções.
> O garoto fita seus sapatos e dança.
> A mãe repete as instruções.
> O garoto fita o ar e continua a embaralhar os pés.
> A mãe dá instruções pela terceira vez,
> sua voz erguendo-se em frustração.
> O menino dança, dizendo: "Mãe, por
> que você tem que ser uma vaca?"

A última palavra chamou a atenção da mãe como nada havia feito. Cansada pelo excesso de trabalho, ela podia ter perdido a paciência quando o filho a chamou assim. Em vez disso, a palavra *vaca* a fez parar e ficar em silêncio. Seus pensamentos e sentimentos, sua raiva e frustração, tudo estancou de repente. O que restou? *Vaca*. Então ela mergulhou em *vaca*, seu koan doméstico.

Os koans Zen surgiram na dinastia Tang na China, entre os séculos VII e X, na forma de diálogos espontâneos entre mestres e discípulos, quase todos monges do sexo masculino. Mais tarde, na dinastia Song, foram reunidos em coletâneas escritas e, com grande liberdade, colocados em forma literária, com acréscimos de preâmbulos, comentários, versos e comentários sobre os versos. Os koans se tornaram dispositivos literários, e a literatura de koan tornou-se quase tão ampla e detalhada quanto a jurisprudência.

Na verdade, eles eram chamados koans, ou *kung-ans* em chinês, o que significa "registros públicos", sugerindo a comparação entre o mestre Chan e o magistrado, sendo que o mestre Chan decide o que é delusão, quem está deludido e como despertar da delusão. Os koans foram usados como referência, como agora nos referimos a precedentes legais ou decisões judiciais passadas. Por exemplo, um koan pode começar com as palavras: "Em relação à questão do darmakaya comer comida",[1] referindo-se a um koan passado ou um diálogo mestre-discípulo, da mesma maneira como um caso jurídico moderno refere-se a precedentes.

Mas essa comparação só é possível até este ponto. Quando trabalhamos com koans, procurar uma resposta ou solução usando nossa mente racional ou nosso modo usual de pensar não nos leva a lugar nenhum. Os koans exigem que adentremos maneiras de ver e responder que não têm nada a ver com análise, nem com reflexão, e tudo a ver com espontaneidade, espírito lúdico, imaginação, paciência e, mais importante, uma aceitação radical da vida como ela é.

O que constitui um koan? É comum agora descrever qualquer situação difícil ou limítrofe como um koan. Nós dizemos que depende de como você trabalha com ela. Uma situação desafiadora pode prestar-se à reflexão, análise e anotações, e suas soluções podem ser repetidas indefinidamente, tornando-se dogmas por si próprias. De fato, tudo isso aconteceu nos mosteiros chineses e japoneses, após serem feitas as primeiras compilações de koans, com vários mosteiros aderindo a seus respectivos conjuntos de respostas, que eram memorizadas e transmitidas de mestre a discípulo, geração após geração.

Essa não é a prática de koan apontada aqui.

Uma situação de vida torna-se um koan quando chacoalhou você de sua maneira de pensar linear usual, saindo da modalidade dualista observador/observado, que estamos tão condicionados a usar. Torna-se prática de koan quando você não mais pensa *sobre* a situação, mas em vez disso, fecha a lacuna entre sujeito e objeto, entre você e o que você está enfrentando.

Em vez de contemplar as circunstâncias de sua vida, você mergulha no próprio som, cheiro, sabor e sensação dela, permanecendo com isso diante da tentação de recuar para a zona mais segura da observação e do comentário. No início, é provável que surja um turbilhão de histórias e sentimentos, como costuma acontecer quando começamos a meditar pela primeira vez; mas, com o tempo, paciência e firmeza, surge um tipo diferente de realização, que brota da própria essência das coisas e não da mente superficial.

Quais são os ingredientes fundamentais de nossa vida? Mudança, interdependência, causa e efeito, e a natureza fluida de todas as coisas, a que chamamos de vacuidade. Esses não são apenas princípios budistas atemporais; eles subjazem a nossa própria existência como seres humanos, dia após dia, minuto a minuto. Nós os encontramos em todo lugar: *Meu filho é viciado em opioides, o que faço? Sou uma mulher envelhecendo sozinha, e tenho medo do futuro.* Abordar essas situações como koans exige que alinhemos nossa vida subjetiva, incluindo todos os seus apegos e distorções, com a vida como ela é, desdobrando-se o tempo todo. Há uma lacuna implícita aqui; ao mergulhar nessa brecha, entramos em contato visceral com a impermanência, o carma, o não-eu, e a interdependência de toda a vida.

Em vez de afirmar nossas ideias sobre o que deveria ser, aprendemos a discernir sabiamente, baseados naquilo que é. "Feche a lacuna entre você e Você", escreveu Taizan Maezumi, fundador do Zen Center de Los Angeles[2].

Ao assentar-se em Você mesmo, sua capacidade de amar e responder ao sofrimento — seu e de todos os seres — dilata e se expande.

Existem diferentes sistemas de estudo de koans, como há diferentes sistemas de treinamento Zen. Assim também era na China e no Japão. Seus sistemas de prática levaram centenas de anos para se formar, começando com a mudança de monges mendicantes errantes para o estabelecimento dos primeiros mosteiros. A partir daí, desenvolvem-se várias regras para governar todos os aspectos da vida monástica, inclusive a rigorosa programação diária de meditação e trabalho, reverência a alunos mais antigos e encontro com o mestre. O estudo de koans significava, em geral, ver o mestre diariamente em encontro presencial, às vezes até quatro vezes ao dia.

Qual é o nosso sistema no Ocidente? Não se engane: estamos desenvolvendo um sistema de treinamento aqui, assim como fizeram na China e no Japão e, da mesma maneira como lá, levará muito tempo. De fato, estamos apenas no início da evolução de nosso sistema. No entanto, algumas coisas estão ficando claras desde já.

A grande maioria dos praticantes sérios do Zen é de chefes de família, em vez de monásticos. Isso inclui a maioria dos sacerdotes Zen, assim como mestres (sacerdotes e leigos), que cumprem suas funções no ensino e no templo, mesmo tendo família e mantendo outros empregos. Suas vidas são cheias e ricas, seus apegos são muitos, sua energia frequentemente dispersa em diferentes direções de trabalho e relacionamento. Em geral, eles não vivem e trabalham ao lado de outros praticantes e têm sorte de vir ao zendo uma vez por semana. Que sistema de treinamento funcionará aqui? Quais koans serão melhores para sua iniciação?

Os koans clássicos nasceram da vida de mosteiro: o trabalho na cozinha e nos campos, a limpeza das instalações, os retiros de meditação e os encontros face a face com os mestres. Ou então nasceram de trocas entre monges ou de mestres eremitas que viviam no topo de montanhas.

Os koans apresentados aqui são situações da vida real, enviadas por praticantes comuns de quatro países diferentes. Eles dizem respeito ao amor, ao cuidar da família (especialmente de crianças pequenas), a relacionamentos com amigos e vizinhos, à agitação do trabalho, a conexões entre homens e mulheres, cuidados com os velhos ou doentes e a preparar-se para a morte.

Os comentários que fornecemos mostram como trabalhar cada situação como um koan. Discernimos o ponto relevante (ou pontos) de cada koan com base em várias coisas, mas principalmente naquilo que, na história, nos fez despertar. Às vezes, esses elementos eram claros; às vezes, pareciam ocultos, negados ou ignorados. Após identificar o ponto principal (ou pontos) de um koan, abandonamos o contexto pessoal do colaborador, tornando nosso cada caso, fazendo o que fizemos com os koans clássicos: mergulhamos em vários aspectos e lutamos com eles, tornando-nos, nós mesmas, o próprio koan. Quanto mais nos abrimos para um aspecto particular de um koan, maior será a nossa capacidade de acolher esse aspecto em nossa vida cotidiana, inclusive aqueles aspectos que podem, inicialmente, parecer estar além da nossa capacidade. Dessa forma, os koans tornam-se portais do despertar para a plenitude da experiência humana.

É claro que outra pessoa poderia ter tentado lidar com outros elementos da história. Um koan é como um aposento de uma casa: onde você se coloca dentro dele determina seu modo de trabalhar. Trabalhar dessa maneira também pode levar você a questionar a própria natureza do aposento, da casa, do terreno onde ele se encontra e além.

Como será que as pessoas comuns, que têm sorte se virem um mestre uma vez por semana e fizerem alguns retiros por ano, trabalham nesses koans? Como eles tornam situações da vida cotidiana moderna — o bebê com cólica que deixou você acordado a noite toda, o vizinho de cima que é homofóbico, a morte trágica de um filho, a demissão do trabalho — uma prática de koan? Será que existe um ponto de referência, algo ao qual retornar repetidamente? Será que podemos ir além do que já sabemos, confiando e aceitando radicalmente a vida que nos é dada, sem chamar nada de certo ou errado, justo ou injusto, valorizando a singularidade de cada momento da situação como uma bênção a ser penetrada e, por fim, apreciada?

"Realize sua vida como koan", disse Taizan Maezumi.

O que você está esperando? Mergulhe!

Eve Myonen Marko
Wendy Egyoku Nakao

◆

NO LAR

◆

Ensho: o Círculo de Completude

Mãe, mãe, onde você está?
Toda minha vida ansiei por você.
Como posso um dia me sentir completo?
Por favor, por favor, me diga o que fazer!

KOAN

A mãe de Ensho faleceu quando ele tinha quase dois anos de idade. Essa foi uma perda que ele sentiu ao longo da vida — a intensa dor pela mãe que nunca conhecera. Um dia, setenta anos após a morte da mãe, suas cinzas foram devolvidas à família. Ensho segurou-as nas mãos e então espalhou-as gentilmente pelo solo. *Agora eu conheço você!* Então abaixou o corpo sobre a terra em profunda prostração, três vezes.

Por que Ensho se prostrou?

REFLEXÃO

Quando Ensho entrou na idade adulta, sentiu profundamente em seu ser que faltava algo precioso e fundamental. Ao longo de sua vida, ansiara por uma mãe que nunca conheceria. Tentara muitas coisas diferentes para lidar com esse sofrimento: meditava, mas seu corpo tremia; envolveu-se em várias terapias, mas a resolução escapou--lhe; buscou tratamentos alternativos de energia, mas com alívio apenas temporário. Um dia, em meio a uma profunda crise espiritual, ele conheceu seu mestre do Zen.

Quando Ensho tomou refúgio formalmente no Caminho de Buda, recebeu o nome *EnSho,* que significa *Círculo de Completude.* Ao dar-lhe o presente desse nome, seu mestre apontou para a verdade espiritual de que o próprio Ensho era um círculo de completude, em que tudo, inclusive a morte de sua mãe e o sofrimento subsequente, é um círculo completo. Como você vive essa completude quando o que você vivencia é sofrimento não resolvido?

Os mestres espirituais dizem que, fundamentalmente, somos completos e inteiros como somos. E, no entanto, parece estar *faltando algo* — e a dor de *algo faltando* pode nos impulsionar em uma busca espiritual de completude.

O que significa ser um círculo de completude? Os mestres Zen gostam de desenhar círculos vazios que apontam para uma verdade essencial: a vida é intrinsecamente vazia. A questão de nascimento e morte é um tal círculo de completude – não um vácuo, mas vazio de qualquer ponto de referência fixo no grande ciclo da vida. A natureza essencial da vida é fluida e, no entanto, tudo é totalmente como é e não pode ser de outra maneira. Você consegue aceitar isso?

O mestre Zen Dogen disse que vida-e-morte é a vida de Buda[3]. Todas as atividades e circunstâncias de sua vida — não importa quão dolorosas — são a vida de um buda. É doloroso querer que as coisas sejam diferentes do que são — essa dor também é um círculo de completude. Será que você consegue parar de querer que as coisas sejam diferentes do que são e deixar tudo ser como é?

Um dia, como um raio vindo do passado, as cinzas da mãe de Ensho foram inesperadamente devolvidas a ele, setenta anos após sua morte. O círculo da completude move-se de maneiras misteriosas, ou talvez pareça ser assim porque nos falta a visão para enxergar seu funcionamento intrincado e atemporal. O mestre Zen Unmon disse: "O mundo inteiro é remédio".

Dessa maneira misteriosa, a mãe de Ensho voltou para ele; seu filho voltou para ela também, mas não da maneira esperada ou imaginada. Naquele momento, o ser de Ensho ressoou: *Agora eu conheço você!* Diga-me, o que Ensho percebeu? Ele encontrou um belo local arborizado, tomou as cinzas esparsas nas mãos e espalhou-as gentilmente na terra. Depois se abaixou no chão: primeiro os joelhos, depois os cotovelos e, finalmente, a testa tocou a terra morna. Dessa forma, ele se prostrou três vezes.

Ao ouvir isso mais tarde, seu mestre disse: "Eu me prostro nove vezes".

◆ ◆ ◆

Unmon disse: "O mundo inteiro é remédio". Como você entende isso? Como você vai usá-lo?

Yakushi: a mulher que amo

> O Sutra do Diamante reza:
> "Como uma lamparina, uma catarata,
> uma estrela no espaço, uma ilusão,
> uma gota de orvalho, uma bolha,
> um sonho, uma nuvem, um relâmpago –
> veja dessa forma todas as coisas criadas."[4]
> Ah, é? Então quem você ama?

KOAN

Yakushi é casado com a mesma mulher há anos. Eles compartilham muitas coisas, incluindo uma família numerosa, uma casa, uma sala para meditar e uma prática de meditação; também ajudam refugiados que se estabeleceram na cidade onde vivem. Yakushi está ciente de que muitas pessoas invejam seu casamento. No entanto, o koan com que ele trabalhou por muitos anos é: Por que odeio a mulher que amo?

REFLEXÃO

Não é incrível como o amor e o ódio são íntimos? Parece que apenas um fio de cabelo os separa. De que outra forma você explicaria que se pode amar tanto uma pessoa um dia e depois odiar a mesma pessoa no dia seguinte, até na hora seguinte?

Não importa quão amorosos sejamos um com o outro, não importa quão forte a atração, nosso relacionamento precisa do jardim que fica além de certo e errado, além de *eu te amo/eu te odeio, isso é ótimo/isso é péssimo*. É o lugar não de opostos, mas de abertura e curiosidade, no qual sentimos ternamente não apenas o espaço entre nós, mas o espaço que *é* nós.

> *Na montanha hoje à noite, a lua cheia*
> *enfrenta o sol pleno. Agora pode ser o momento*
> *quando desmoronamos, ou nos tornamos inteiros.*[5]

Tornar-se inteiro é bom; desmoronar também pode ser bom. Quando desmoronamos, o mesmo acontece com os construtos mentais e emocionais com os quais vivenciamos o mundo. Você percebe com que frequência, quando olha para alguém, você *busca* alguma coisa? Não é diferente de olhar pela janela para ver como está o tempo: você escaneia o céu, as nuvens, a luz. Outra coisa pode chamar sua atenção, mas quando você procura algo, perde quase todo o resto.

De forma semelhante, quando dizemos que vemos alguém, será que estamos realmente vendo nosso ente querido ou estamos escaneando em busca de algo como atenção, amor ou reconhecimento? *Será que ele está prestando atenção em mim? Será que ela está realmente ouvindo ou está ocupada com outra coisa? Ela é realmente a mulher que amo?* Se encontramos o que estamos procurando, não amamos nosso marido ou esposa? E quando não encontramos, não detestamos essa mesma pessoa? Quando foi a última vez que você olhou incondicionalmente para o seu parceiro, rendendo-se a essa pessoa *como ela é*, em vez de procurar secretamente o que poderá lhe trazer satisfação?

Quer moremos juntos por uma semana ou cinquenta anos, deve haver sempre aquele espaço de curiosidade e abertura, de olhar para a pessoa sentada à minha frente, fazendo a pergunta pela milésima vez: *quem é você realmente?*

E, então, apenas esperar. Não se apresse em criar um novo nome ou rótulo. Será que você pode prestar atenção nele/nela sem procurar nada, relaxado e sem crítica, aberto e curioso? Em vez de ver seu ente querido, você pode se deixar ver?

No Evangelho de João, Jesus diz: "E quem me vê, vê aquele que me enviou".[6]

Que tipo de visão é essa?

◆ ◆ ◆

Quando você olha para a pessoa que ama, o que realmente está buscando? O que acontece quando encontra ou não encontra? O que acontece quando você finalmente para de procurar tesouros?

Laurie: É. Bem. Isso.

> Quando espinhos afiados o picam, siga em frente.
> Quando incitado sem trégua, siga em frente.
> Quando seu parceiro não o entende, siga em frente.
> Quando chegar a uma encruzilhada, tome-a!

KOAN

Laurie e Cathy eram aposentadas. Cathy não hesitava em demonstrar desdém pelo tempo que Laurie passava "lá" no centro Zen. Cada vez que Laurie saía de casa, Cathy, empoleirada no sofá, dizia: "Lá vai ela pra lá de novo."

Numa noite de sexta-feira, Laurie, carregada de bagagem de seus dias passados fora, cruzou o limiar para dentro da casa. Cathy, ainda sentada no sofá, perguntou: "Então, Laurie, você já encontrou o significado da vida?"

Sem hesitar, Laurie respondeu: "Sim, Cathy: É. Bem. Isso!"

Cathy ficou calada.

REFLEXÃO

O caminho do Zen é realmente misterioso; e sua prática é mais misteriosa ainda para aqueles que não têm inclinação a ela. Já lhe faltaram palavras ao tentar explicar por que pratica o Zen ou outra disciplina espiritual? Nessas situações, você soa mais ensimesmado que o normal? Pode ser muito desafiador para seu parceiro, quando surge o coração que busca o caminho. Pelo menos até que sua prática se enraíze e você se torne um parceiro melhor.

Há um famoso koan Zen sobre uma senhora idosa que vendia chá ao longo do caminho para o Monte Tai, moradia do bodisatva Manjushri — o modelo da mais alta sabedoria. Sempre que um monge parava para tomar chá, perguntava à senhora: "Qual é o caminho para o Monte Tai?" Ao que ela respondia: "Siga em frente". Depois de o monge dar vários passos, ela comentava em voz alta para que ele pudesse ouvi-la: "Um bom monge jovem, mas ele também vai pelo mesmo caminho".[7]

Quem é a "senhora idosa" em sua vida? Deixe de lado por ora se você acha que ela ou ele é iluminada ou não. A "idosa" na casa de Laurie a cutucava: "Lá vai ela de novo lá para o centro Zen". Quantos de vocês já ouviram esse tipo de comentário de seu parceiro? *Lá vai ele de novo e eu, olhe só, estou em casa cuidando das crianças, cuidando do jardim e lavando suas roupas.*

O que Laurie estava buscando? O que você está procurando? Alguém pode achar que, para a Laurie, aposentada com uma renda confortável e casa própria, não haveria necessidade de buscar mais nada. Certamente sua parceira pensava assim. Então, o que leva uma pessoa a sentar-se numa almofada de meditação por horas, e outra a sentar-se no sofá o dia todo? Qual delas é você? Como você se tornou a pessoa que você é?

Há uma dança constante entre pessoas que vivem juntas como casal: cada pessoa é um indivíduo único, mas ambas intimamente entrelaçadas, navegando na vida cotidiana juntas. Na vida monástica, monges e monjas renunciam a relacionamentos singulares de marido, esposa ou parceiro. Uma pessoa comum, por outro lado, se posiciona em relacionamento íntimo com outra pessoa, dentro de uma comunidade de família e amigos.

Nunca sabemos como nossas vidas se desdobrarão; não há garantias na vida além de nascimento, velhice, doença e morte. Mesmo os melhores planos dão errado. O coração buscador de Laurie não surgiu antes de ela se aposentar de um emprego de quarenta anos. Quando o coração buscador se agita, você é obrigado a seguir — não há como explicar para ninguém; se ignorado, o desconforto apenas se intensifica. É claro que, quando você segue esse coração, seu desconforto também se intensifica, pois não há como escapar do chamado para cumprir esse que é o mais profundo dos desejos — de voltar ao lar de si mesmo.

Como você navega nesse mundo de relacionamentos quando a mente-que-busca-o-Caminho desperta com tanta força lá dentro? A velha senhora dizia: "Siga em frente." Mas o que é seguir em frente em meio a relacionamentos? Será que você pode encontrar seu caminho por meio do matagal de expectativas e preferências, e ainda atender às necessidades de seu parceiro ou às necessidades do relacionamento? Será que consegue encontrar o caminho para o coração desta vida — para onde reside o coração todo-inclusivo do Bodisatva da Sabedoria Não-dual — em meio às complexidades da vida que você está vivendo?

Ao mergulhar mais fundo na meditação, Laurie aprendeu a atravessar o matagal de quem ela era, chegando à sua paz interior. Poder-se-ia dizer que sua velha senhora interior estava satisfeita. Mas, como não havia trégua em casa, teve de lutar com a "velha senhora" sentada no sofá. Por fim, com suas defesas e ressentimentos consideravelmente suavizados, ela se viu num estado de aceitação sanadora de sua parceira e de sua situação juntas. E assim foi naquela noite em que Laurie atravessou o limiar de sua morada e a "velha senhora" perguntou novamente: "Então, Laurie, você já encontrou o verdadeiro significado da vida?" Laurie respondeu das profundezas desse mistério: "Sim! É. Bem. Isso!"

É. Bem. Isso!

Você consegue fazer uma declaração tão confiante?

◆ ◆ ◆

Que papel sua parceira desempenha em sua prática? Dizem que as circunstâncias presentes em sua vida são a situação perfeita para a prática. Como você vê isso?

Nena cuida de seu irmão

Quando você solta, para onde vai?
Quando não há para onde ir, o que acontece?
Quando a montanha caminha ao longo do riacho,
Banhe os pés na água fria.

KOAN

O amado irmão de Nena tinha um futuro promissor como intelectual e era a estrela da família, mas não realizava seu potencial; seu longo vício em heroína o estava destruindo. Ele era basicamente dependente de Nena, que nas buscas por ajuda para ele, perguntava constantemente a terapeutas, familiares e amigos: "O que devo fazer? O que devo fazer?"

Muitas pessoas a aconselharam dizendo: "Corte-o de sua vida".

Será que era essa a solução?

REFLEXÃO

Certo koan Zen nos pede: "Mova uma montanha"[8]
O que é a montanha?
A vida de uma pessoa comum é vivida em meio a relações familiares e, para Nena, seu relacionamento desafiador era com seu irmão problemático. Ela tinha muita raiva pelo potencial desperdiçado do irmão, por ser chamada a limpar sua bagunça e não receber nenhum crédito de seus

amigos por basicamente mantê-lo vivo. Querer ajudar o irmão era como mover uma montanha, tentando obrigá-lo a fazer algo que ele próprio não queria ou não podia fazer. O esforço dela era um longo e difícil arrastar-se, para cima e para baixo, na montanha de insegurança, raiva, ressentimento e medo. *E se eu cometer um erro? E se eu não descobrir a coisa certa a fazer?* Ela sabia que seu vínculo com o irmão era inquebrável, então o conselho para cortá-lo de sua vida não lhe parecia verdadeiro. Em sua determinação obstinada de ajudar o irmão, Nena encarava a montanha de si mesma.

O que você faz quando não há soluções?

Na prática do Zen, você é chamado a fazer a coisa mais difícil em meio ao sofrimento: sentar-se como uma montanha imóvel; sentar em silêncio no fundo de si mesmo e ouvir. É preciso resistência e muita paciência para sentar-se imóvel em meio ao sofrimento sem respostas. Às vezes, quando sentamos em meditação, adormecemos imediatamente; às vezes, os pensamentos agitam a lama e o lodo de nossas preocupações e ansiedades, como um rio impetuoso. Como, diabos, você pode se perguntar, eu me escuto no meio do caos quando mal consigo ficar atento?

Meu mestre-raiz costumava dizer: "*Poco a poco*, pouco a pouco". Pouco a pouco, as resistências se desgastam, as arestas duras se suavizam, o eu se esvazia. Nena vivenciou um desgaste gradual das arestas sólidas dos conflitos internos; aprendeu a sabedoria de deixar o irmão ser quem ele era, sem tentar salvá-lo ou mudá-lo. *Largar mão* e *cortar* não são a mesma coisa. Nena gradualmente abandonou a ideia do que é uma vida aceitável. Estabeleceu limites para seu próprio comportamento de resgate e chegou à paz em seu relacionamento. Seu irmão também notou a mudança. Ela veio a apreciar os frutos da montanha em movimento — paz, aceitação e uma maneira de cuidar de si mesma e de seu irmão que foi uma bênção para ambos.

Quanto mais você ouve as montanhas, mais encontra a montanha dentro de si. É incrível o que se pode escutar: os sons sutis, os ecos matizados, as infinitas possibilidades que as montanhas dão à luz. Você aprende que não precisa preencher os espaços vazios e o silêncio da montanha. Cada respiração é uma respiração de esvaziamento, cada passo é um passo de esvaziamento. Deixe de lado suas ideias e conceitos, deixe de lado querer que as coisas sejam de certa maneira. Desista de sua necessidade de consertar outra pessoa ou situação, abandone o controle.

Meu mestre-raiz, cujo nome, Taizan, significa *Grande Montanha*, costumava dizer: "Seja desapegado no meio de apegos". Como pessoas comuns, aprofundamo-nos diariamente nesse ensinamento. Que cara tem esse desapego? É rígido e tenso? É impassível? Frio e indiferente, acima de disputas? Você está se moldando à sua ideia de como uma pessoa desapegada deveria ser no meio do vale-tudo diário? Meu mestre dizia: "Seja quem você é, não quem você pensa que deveria ser, mas quem você realmente é." O que você precisa desaprender?

A sabedoria corporal de Nena apontou-lhe que cortar o irmão de sua vida não era a resposta. Não havia necessidade de anular a si mesma sob as opiniões e conselhos dos outros, nem com o próprio julgamento de si e as autocríticas habituais. Não importa a dificuldade da relação vivida com o irmão, a conexão essencial nunca poderia ser cortada. Ela não podia "desirmanar-se" dele. Esse é o coração de montanhas que se movem: mergulhar na intimidade da conexão e ser conduzido pela canção do coração.

Que ação surge do esvaziar-se e ouvir profundamente? Essa experiência crua — resposta única para você mesmo — só pode ser conhecida por você.

Ouça! Ouça!

◆ ◆ ◆

Como você testemunha o insuportável? Você consegue confiar em não saber o que fazer, lugar de onde sua própria sabedoria pode surgir?

Judith: o espelho da irmã mais velha

"Espelho, espelho meu, existe outra mulher mais bela do que eu?"

"Você pensa que há duas de vocês?"

KOAN

Após quinze anos de ausência, Jane visitou sua irmã mais velha, que vivia do outro lado do mundo. Um minuto ou dois em sua visita, Jane começou a amamentar seu bebê, falando sobre as vantagens de amamentar durante uma viagem. A resposta de sua irmã foi imediata e familiar: "Fique quieta! Você não sabe nada sobre isso."

REFLEXÃO

Jane descreveu sua reação chocada de tantos anos atrás: *"Mas eu sei. Tenho anos de experiência; meus filhos são vivos, rosados, criativos e satisfeitos. É você quem não sabe de nada! Como você é arrogante! Como é crítica e desdenhosa! Você sempre me rebaixou e se sentiu tão confiante em sua superioridade."*

Agora ela ri de sua antiga indignação, mas a questão permanece: como reagimos quando alguém nos fala com arrogância, tratando-nos com hostilidade ou condescendência? Podemos retrucar ou então nos refugiar num silêncio irritado e ressentido. Ou então podemos tentar contornar todo esse desagrado, negando o que surge, especialmente nossos próprios sentimentos.

Essa última resposta é a trilha que muitos praticantes espirituais escolhem seguir: *"não importa o que ela diz, estou perdoando, até mesmo enquanto fala. Estou apenas deixando isso pra lá. É apenas meu ego sendo ferido, então não importa."*

Tudo importa. Quando algo irrita por dentro, e nós negamos ou desejamos que desapareça, é como dizer que não importa se meu polegar esquerdo dói ou se minha rótula está inflamada.

O Corpo Uno se manifesta em uma contração muscular, na piscada de um olho, num cotovelo arranhado, no gosto metálico de fel que engolimos. Nada deve ser rejeitado. Todo momento revela o Corpo Uno em ação: uma criança tomando sorvete alegremente, uma família morta por um motorista bêbado, um peixe lutando na areia, uma rosa desbotada, uma folha ao vento, ou uma pessoa que me menospreza. Ao enxergar isso com clareza, por que responder com julgamento, rispidez ou negação?

No entanto, alguns dos momentos mais difíceis de nossas vidas ocorrem quando somos repreendidos, acusados ou depreciados. Eles trazem à tona o passado antigo, quando éramos crianças sendo repreendidas e censuradas sem que houvesse nada a fazer sobre isso. Agora somos mais velhos — e ainda não há muito que possamos fazer; podemos retrucar, podemos nos esconder, podemos negar nossos sentimentos.

Ou podemos prestar atenção, deixar de lado nossa antiga história de ressentimentos e raiva, e estar totalmente presentes agora. Quando fazemos isso, quando estamos no espaço do não-saber, podemos explorar esse momento desafiador e muito vívido com certa ternura e até humor. Testemunhamos não apenas a pessoa que censura, mas também nossas próprias reações: repare nosso corpo, os olhos dilatados de raiva, os lábios comprimidos numa linha fina de ressentimento. Observe a pessoa tão facilmente ameaçada ao se deparar com a diferença, o impacto inesperado e a reação rápida e agressiva: *Mas eu realmente sei algo sobre isso. É você quem não sabe nada!*

Alguns aconselham você a se lembrar do que têm em comum: *vocês são irmãs! São da mesma família!* Um mestre Zen pode sugerir que você explore o que está além dos opostos e das coisas em comum, que é precisamente esse momento maduro de dissensões. É também momento de plenitude infinita, além da tomada de partido, além da justificação de si e da difamação do outro, e também além da autoabnegação ou do esconder-se.

Viver o momento dessa forma é um tremendo ato de abandono e de situar-se no não-saber. Mas será que você consegue soltar o suficiente para *realmente* abandonar? Será que pode sentir a energia trêmula na sala — a vibração do Todo manifestando-se em duas forças opostas, duas energias opostas?

"Venda sua esperteza", escreve Rumi, "e compre perplexidade".[9]

"Fique quieta! Você não sabe nada sobre isso." Por incrível que pareça, esse é exatamente o espaço que gostaríamos de criar, espaço de questionamento e de completa abertura. O que posso dizer ou fazer que convidará a outra pessoa para adentrá-lo comigo, para abandonar uma agenda antiga e perguntar com curiosidade sincera: *O que está acontecendo aqui? De que se trata isso?* Você não está sendo convidado a concordar, mas a ser um visitante intrometido que pergunta sobre tudo na casa que está visitando, inclusive sobre a bagunça no quarto e sobre os pratos sujos na pia.

Podemos descobrir que, no final, a coisa mais íntima não é concordar ou ter a mesma opinião, não é nem mesmo a reconciliação e a paz, mas cair cada vez mais dentro do *não-saber*.

◆ ◆ ◆

O que acontece quando você conversa com um membro da família que conheceu a vida toda? Você repete os roteiros do passado? Sabe de antemão o que ele ou ela vai dizer? O que é preciso para realmente ouvir?

Myogetsu: sentar em silêncio

No meio de tachos e panelas,
O exigente trabalho cotidiano, o estresse da vida diária —
Há uma questão de extraordinário fascínio.
Qual é?

KOAN

Myogetsu estava ansiosa para fazer mais meditação sentada em casa. Seu marido gostava de sentar-se em silêncio, mas eles não sentavam juntos.

Certa noite, ela disse: "Sabe, devíamos sentar em meditação juntos. Tanta coisa é comunicada em silêncio. Talvez possamos passar quinze minutos sentados em silêncio juntos, sábado de manhã".

"Vamos passar duas horas!", respondeu ele com entusiasmo.

REFLEXÃO

A vida de Myogetsu era cheia de atividades: seu trabalho diurno, seus muitos netos, suas tarefas domésticas e de cuidar da sogra. Ela desejara voltar à prática de meditação sentada com um grupo, mas a morte de sua filha adulta e as necessidades que se seguiram enchiam seus dias. Quando as coisas se acalmaram, ela conseguiu finalmente ir ao Centro Zen para sentar junto com a sanga, mas era longe, e ela ansiava por sentar em casa, não apenas sozinha, mas também com o marido.

Como é com você?

Há um koan sobre o famoso mestre Zen da dinastia Tang — Pai Chang. Um monge pergunta a ele: "Qual é a questão de extraordinário fascínio?" Mestre Pai Chang responde: "Sentar sozinho na montanha Hsiung."[10] Será que isso não evoca a imagem de uma pessoa solitária, sentada majestosamente em meditação no topo da montanha, removida da luta das atividades cotidianas?

Você às vezes sente que sentar sozinho em casa não é suficiente? Diga-me, onde está a montanha Ta Hsiung neste instante?

As pessoas que desenvolvem a prática de sentar sozinhas costumam descobrir que é um ajuste sentar junto com outros no zendo, salão de meditação da comunidade. Relatam sentir-se meio constrangidas, como se a presença de outras pessoas fosse uma distração indesejável. Por outro lado, há aqueles que não conseguem sentar sozinhos e dependem de outros sentarem com eles. Do que depende sua meditação sentada? Sejam quais forem suas condições para meditar, pergunte a si mesmo: seu senso de um eu endurece ou você se esvazia e experimenta o coração se abrir para a vida como ela é, onde quer que esteja?

Quão profundamente você consegue praticar em casa?

Você pode sentir a energia única da meditação no zendo porque as pessoas sentam ali há anos; é possível desenvolver o mesmo campo de energia em sua casa, quando medita consistentemente nela. Como seria seu espaço de meditação? Talvez fosse desatravancado, lembrando-o de esvaziar seu coração-mente de tranqueiras. Talvez seja virado para a parede, lembrando-o de ver além das paredes que você construiu em sua vida. Talvez o espaço tenha uma tigela com água, lembrando sua natureza fluida, sem resistência e vivificante. Ou talvez seja ao lado da cama de seu filho, à noite.

Myogetsu ansiava por compartilhar o silêncio com o marido. Não estava pedindo que ele sentasse na postura de meditação a que estava acostumada, mas simplesmente sentar como desejasse para ficarem em silêncio juntos. Como seria um casal compartilhando silêncio juntos — não o silêncio cheio de ressentimento de conflitos não resolvidos, mas o rico silêncio de dois corações-mentes em sintonia com o que está além de *Myogetsu* e *marido*?

Onde e o que é esse "além"?

Quando o mestre Zen chinês Yaoshan estava sentado em meditação, um monge perguntou-lhe: "Na meditação sentada, o que você pensa?" Yaoshan respondeu: "Penso não pensando". O monge insistiu: "Como você pensa não pensando?" Yaoshan respondeu: "Além do pensar."[11] Que tal ir a esse lugar *além do pensar* junto com alguém que compartilha sua vida doméstica, bem no meio da casa? Em outras palavras, vocês poderiam se encontrar além de seus pensamentos, além de suas mentes raciocinadoras e ocupadas? Além do que vocês gostam e não gostam um com relação ao outro?

Myogetsu disse: "Muita coisa é comunicada em silêncio." Esse é um silêncio de receptividade total. Que comunicação não depende de pensamentos, palavras ou tato? O que é compartilhado ou trocado quando duas pessoas apenas sentam em silêncio, respirando o mesmo ar, juntas na mesma sala, em sintonia com o ser completo de cada um? Na intimidade de silêncio e energia compartilhados, não são todas as coisas completamente como são: inteiras, completas, sem faltar nada? O que é esse silêncio antes de surgirem gostos e aversões?

Será que é possível mesmo *sentar-se sozinho?*

O marido de Myogetsu respondeu: "Vamos passar duas horas!" Que sujeito entusiasmado que já conhece o sublime dom do silêncio! Que maneira de homenagear um cônjuge – sentar lado a lado, largando o egocentrismo, e permitindo aos corações desabrocharem juntos. Quando a meditação termina, por um momento vocês não são um e nem dois: tudo está impregnado de fascínio.

Se seu cônjuge não estiver inclinado a isso, não se desespere. Afinal, quando o monge se curvou em gratidão ao ouvir a resposta do mestre Pai Chang, o mestre bateu nele: *Vapt!* Essa coisa mais maravilhosa do mundo não é exclusiva de monges ou montanhas, cônjuges sentados, do sentar sozinho, nem de quaisquer ideias que você esteja formando sobre ela.

Bem aqui, neste instante, em seu próprio ser, em seu próprio domicílio, há uma questão de extraordinário fascínio; permeia as paredes e janelas, tapetes e cortinas, xícaras e pires.

Você vê?

Vapt!

◆ ◆ ◆

Mesmo quando você está sozinha, o que é comunicado em silêncio? Bem aqui, neste instante, é o lugar de extraordinário fascínio. Como você o vê?

Mary: o vômito

> Não gosto desse som; gosto daquele.
> Quando apanhado na armadilha
> de gostos e desgostos,
>
> *Urrgggooooooooo!*

KOAN

Uma parede fina de apartamento separava o quarto de Mary de seu novo vizinho, que ela ainda não conhecia. Todas as manhãs o vizinho acordava e vomitava; seus ataques incessantes pareciam soar bem no ouvido dela. Mary o julgou severamente, apelidando-o com ironia de "o Vômito".

Por acaso, o local de meditação de Mary era em seu quarto, perto da parede compartilhada com "o Vômito". Embora ela geralmente fizesse zazen bem antes de seu vizinho acordar, certa manhã ele se levantou enquanto ela estava sentada e começou a vomitar alto, como se estivesse prestes a pôr as entranhas para fora.

Mas esta manhã Mary já estava num estado de quietude expansiva e silêncio. O vomitar do vizinho entrou em seu ser como som não filtrado.

"Alguém está sofrendo", disse ela. A compaixão por ele surgiu espontaneamente.

REFLEXÃO

O despertar acontece por meio dos sentidos – os portais de olhos, ouvidos, nariz, língua, corpo e mente.[12] Destes, o despertar através da audição é a ocorrência mais comumente registrada. Kyogen despertou ao som de um seixo batendo em bambu, Sei-Kenko, de Cho, despertou ao ouvir o trovão, e Ching Ch'ing despertou com o som de gotas de chuva. Naquele momento, havia apenas som: tudo desapareceu — nenhuma causa, ninguém para ouvir e nenhum ouvir; havia apenas o *toc* do bambu, o *plop, plop* das gotas de chuva, ou o ensurdecedor *craaaczzz!* do trovão.

Há muitos koans sobre tornar-se um com o som: *Pare o som do sino do templo distante; o som de uma mão batendo palmas;* ou *o som do MU.* Aqui, havia o som de alguém vomitando. Onde pratico em Los Angeles, ouvimos frequentemente a música "Turkey in the Straw", tocada continuamente pela camionete de sorvete da vizinhança, e o estridente *uuuiii-uuuiii-uuuiii* dos veículos de emergência em alta velocidade. Costumo dizer a meus alunos: "Quando você realmente tornar-se um com o som, incluindo o que considera ruído, ele nunca mais o incomodará." Você pode desaparecer instantaneamente no som.

O universo oferece tantos sons — como você os ouve? Você pode chamá-los de barulho, perturbação ou distração irritante; pode descartá-los como interferência que diminui sua prática de meditação. Com frequência, os alunos de meditação me dizem que o barulho da rua os distrai da prática. Rindo, eu pergunto: "Onde está o silêncio?" Você consegue encontrar o silêncio no som? Os chineses têm um ditado maravilhoso: *O grande eremita vive na cidade.* Sim!

Não há como saber quando o despertar acontecerá — apenas acontece. Às vezes você pode pensar: se eu me sentar o suficiente, se fizer retiros suficientes, ou se passar mais tempo no zendo do que com minha família, isso fará com que eu desperte. Mas, de fato, a vida está sempre acontecendo, seus sentidos estão sempre funcionando e as condições do despertar estão sempre presentes.

Mary havia desenvolvido uma rotina diária de sentar em um canto de seu quarto. Amplidão e estabilidade estavam criando raízes dentro dela, embora não estivesse bem ciente disso. Levada ao fundo de um emaranhado de pensamentos sobre seu vizinho, ela se acostumou a chamá-lo de "o Vômito", apesar de nunca tê-lo conhecido pessoalmente. Talvez você reconheça esse tipo de hábito de sua mente condicionada, estruturada para fazer julgamentos e criar cenários, em vez de investigar a coisa diretamente. Mesmo quando você se torna mais consciente dessa tendência, pode achar difícil de revertê-la.

Certa manhã, enquanto Mary estava sentada, um som surgiu — um som não-filtrado, anterior a pensamento e percepção e antes que uma história distorcida sobre ele pudesse surgir. Em vez de sua reação e narrativa habituais sobre "o Vômito", por um momento ela se tornou o próprio *urrrggg-oooo* e reconheceu-o como o som de alguém sofrendo. Na quietude e no silêncio, permeada por uma sensação desse sofrimento, ela sentiu o surgir espontâneo de compaixão pelo vizinho.

Na quietude da meditação, um som é apenas um som. O Grande Ser de Compaixão — Kwan Yin, conhecida também como Kanzeon — é chamada *Aquela que ouve os sons do mundo*. Quem é esse Grande Ser? Manifeste-o agora!

❖ ❖ ❖

Quando você se torna una com um som, para onde você vai? O som do sofrimento está além de gostos e aversões. Como soa o sofrimento? Como você responde a ele?

Daian: a trepadeira de rosas

Quando trepadeiras o enredam,
é impossível se mover.

Quando os espinhos espetam sua
pele, nada alivia a dor.

Quando ajuda não está disponível,
como você se liberta?

Quando o universo inteiro ri,
você também está rindo?

KOAN

Um dia, Daian estava podando cuidadosamente a trepadeira de rosas vermelhas que ele havia direcionado para crescer verticalmente pela calha, em frente à sua casa. Quando ele estava na ponta dos pés sobre um tronco velho, este se partiu bem embaixo dele. A trepadeira e os espinhos agarraram suas pernas e braços, segurando-o ali. Daian não conseguia se mexer. Suspenso na trepadeira, ele desatou a rir sem parar, perguntando: "Onde eu estava antes, para que saiba onde estou agora?"

REFLEXÃO

Como você sabe quando está totalmente presente? Às vezes, pode se perder em pensamentos ou sentimentos; outras vezes, pode se sentir presente, mas quando olha mais de perto, vê que não está consciente de muitas coisas diante de si. Quando o tronco desabou debaixo dele, Daian se perguntou: "Onde eu estava antes, para que saiba onde estou agora?" Afinal, não estivera presente enquanto podava cuidadosamente a trepadeira? Pensar que você está presente não é o mesmo que estar presente — estar totalmente presente como rosas vermelhas, espinhos e troncos apodrecidos.

É útil conhecer a base sobre a qual você se apoia. Dado que tudo está sempre mudando, será que existe alguma base sólida em algum lugar? As pessoas se ancoram em várias coisas: uma conta poupança de aposentadoria, estar cercado pela família, ter uma casa para chamar de lar. Um praticante espiritual sabe, no entanto, que por mais conforto que tais circunstâncias possam trazer, nenhuma delas é verdadeiramente segura, pois tudo está em constante fluxo. Aquilo que você pensa ser sólido está, de fato, se deteriorando enquanto você lê estas palavras.

Quando trepadeiras emaranhadas enrolam-se em torno de você e os espinhos da vida o perfuram, em que alicerce você pode confiar? Com o que está contando? Um amigo meu usava a respiração como apoio, mas quando desenvolveu uma doença pulmonar, a respiração não era mais confiável. Outra pessoa fundamentou seu bem-estar em uma vida saudável, mas quando foi diagnosticada com uma doença cardíaca, ficou desiludida. Meu pai contava com a estabilidade de um casamento para toda a vida, mas, depois que sua esposa, minha mãe, morreu, ele se suicidou. Será que existe alguma prática espiritual que lhe dará resiliência suficiente para que, não importa o quanto esteja preso por trepadeiras emaranhadas e aguilhoado por espinhos, você encontre recursos para suportar?

As grandes transições da vida nos chocam para dentro do momento presente, assim como a queda de Daian na trepadeira de rosas. E quanto ao prosaísmo incessante da vida, quando é fácil cair numa complacência embotada, sem sequer perceber? O que o desperta? Mergulhar no presente, como Daian foi mergulhado na trepadeira, é vivenciar diretamente o AGORA. Você pode pensar que é preciso muito esforço para estar presente, mas é tão fácil quanto cair de um toco. Quando Daian não podia se mover dentro da trepadeira, ele se rendeu ao AGORA — o presente é *como ele é*. Você nunca pode não estar nele, e ainda assim deve mergulhar!

Para Daian, o presente era ser espetado por espinhos e enredado numa trepadeira. Ele desatou a rir: *Aqui estou!* Poucas experiências na vida são tão completamente não-egocêntricas quanto o riso espontâneo e irreprimível. Mas me diga, o que é TÃO engraçado? Se puder realmente responder a isso, seu sofrimento está chegando ao fim.

◆ ◆ ◆

Qual é a risada que ressoa por todo o universo? Onde você está apoiada agora? Numa vida que está sempre mudando, onde você finca os pés?

Gemmon: sombras

Como responder a uma batida na porta.
Medidas:
Tome precauções de antemão:
Instale uma câmera de segurança.
Instale um sistema de interfone.
Ponha uma corrente de segurança na porta, se ainda não tiver uma.
Arranje um cachorro.[13]

KOAN

As sombras de meus pais estão batendo à porta. Devo abri-la ou trancá-la?

REFLEXÃO

Toc, Toc!
Quem está aí?
Tuta.
Tuta quem?
Tutasempre fazendo algo errado!

Talvez gostemos de piadas que começam com *Toc-toc!* porque sombras parecem bater às portas de nossa mente o tempo todo: memórias de família, de nossos pais e avós, idos há muito tempo, de nossos filhos quando eram crianças, de nós mesmos quando éramos jovens. Não importa quem está morto e quem está vivo; quando eles batem, estão presentes, aqui, neste momento. Será que abro a porta ou a tranco?

Eles bateram à minha porta a vida toda. As decisões são sempre penosas entre estabelecer limites e estar aberto; ser o rebelde, a criança obediente ou o adulto saudável que sou agora.

Por mais diferentes que sejamos, a maioria de nós segue uma fórmula bem definida, quando pensamos em nosso passado: *nasci em __. Meus pais eram ___ e __; meus irmãos eram ___ e ___. Minha infância foi ___ e também ___. Quando adolescente eu ___. Quando cresci, fiz ___, e depois ___. Como resultado de tudo isso, tornei-me ___ e ___.*

Não é praticamente o mesmo roteiro para todos nós? Embora saibamos que nada é tão simples, acreditamos nessa fórmula, cremos nessa história esquálida.

Se você lançar uma luz grande o suficiente sobre sua vida, verá que não há nada no universo que não esteja incluído e que não o tenha influenciado de alguma forma. Percebendo isso, nossa compreensão dessa fórmula se torna mais tênue; agarramo-nos a nossa história com um pouco mais de leveza, talvez com um pouco mais de ternura.

Mas mesmo quando fazemos isso: *Toc-toc!* Uma memória de gume afiado surge e ameaça assumir o controle. Podemos tecê-la em algo grande e atraente; também podemos deixá-la em paz, vê-la ir e vir, nunca fingindo que não está lá e ao mesmo tempo não fazendo drama. Ela desaparece por si mesma, mas às vezes retorna noutro dia — *Toc-toc!* — e repetimos isso inúmeras vezes.

Com o tempo, podemos sentir a dor se dissipando como gotas de água; o que resta é mais como um líquido que foi absorvido, deixando apenas um resíduo úmido.

Quando praticamos a partir do não-saber, trabalhamos no momento presente, não no passado, no qual muitas vezes somos vítimas e estamos quase sempre certos. *Toc-toc! Quem está aí?* Será que são realmente seus pais do além-túmulo, ou é você? Sinta sua respiração neste momento, a sensação do ar na pele, o chão sob seus pés, a inclinação do sol da tarde na parede. Suas histórias do passado estão aqui agora, e isso significa que as vozes são todas suas também, incluindo a de seus pais. Incluindo o *Toc-toc!* na porta.

Quando você testemunha a partir do momento presente, vivencia esse momento como *tudo* você. Isso inclui as gerações passadas de sua família e seus ancestrais, que estão inevitavelmente aí em seu corpo-mente.

Isso não é uma mudança? Quantas vezes vivenciamos laços familiares como correntes que nos escravizam? Quantas vezes desejamos sacudir completamente nossa história familiar? Alguns de nós correm para o Centro Zen precisamente por esse motivo. E o que descobrimos quando começamos a praticar? Que nossa família somos nós. Que nossa história familiar é tanto uma parte de nós quanto as moléculas físicas que compõem nosso corpo.

O que você faz com seu corpo? Você cuida dele: você o alimenta, veste e medica. Você o trata como trataria a si mesmo porque ele é você.

O budismo é uma tradição muito prática: não pergunta o que é verdade, pergunta o que funciona, ou seja, o que aliviará nosso sofrimento. Outra maneira de dizer isso é: como tornamos tudo algo com que se possa trabalhar? Abrir a porta à batida de seus pais é um trabalho possível quando você pode fazê-lo com atenção e cuidado. Isso pode resultar em assumir mais responsabilidade por sua vida; também pode resultar em reconhecer e apreciar sua linhagem pessoal, seus ancestrais e os muitos presentes que você recebeu deles.

Não deixar que seus pais entrem também pode funcionar, talvez porque esteja na hora de passear com o cachorro ou de fazer meditação, e talvez também porque não é mais tão relevante.

◆ ◆ ◆

Toc-toc! Quem está batendo? Quem é o porteiro ou porteira? E será que a porta é sólida ou é portal sem portão?

Clemens: a caca permanece

"Você é sempre assim!
Você nunca faz isso!
Sempre! Nunca! Sempre! Nunca!"
Ahhh, pombinhos!

KOAN

Clemens, mergulhado em amor e rancor, pergunta a si mesmo: "Como posso desfrutar um relacionamento com minha amada, quando ambos estamos presos numa gaiola cheia de caca? Embora as janelas e portas estejam totalmente abertas, o excremento parece nunca sair da sala."

REFLEXÃO

Um amigo meu, outro professor do Zen, limpa sua mesa, deixando-a vazia e imaculada no final de cada dia. Minha mesa tem pilhas de livros, cadernos e papéis dia e noite; toda semana eu movo algumas pilhas ao redor, tiro a poeira em torno delas e as ponho de volta.

Será que os relacionamentos não são mais parecidos com a minha mesa do que com a do meu amigo? De fato, não são eles muito parecidos com gaiolas? Há chilrear o dia todo, acompanhado por cocô de passarinho. No final do dia, removemos o fundo de papel sujo, manchado por cascas de sementes e excrementos, substituímos o papel, cobrimos a gaiola para que o passarinho durma e, no dia seguinte, canto e caca começam tudo de novo. Isso se dá continuamente mesmo no casamento mais amadurecido e feliz.

O Zen ensina que somos todos vazios de um eu permanente e autônomo, que a essência de quem somos é relacional, coemergente com todo o resto do mundo. Não é que nada exista — certamente temos traços de personalidade e abordagens distintas para a vida —, mas essas características são fluidas e dinâmicas, não podem ser localizadas com precisão e fixadas; elas são o nosso canto, os baixos e agudos de nossas vidas, criando sem cessar novas melodias. Às vezes são harmoniosas, e às vezes atonais, até mesmo dissonantes. Neste último caso, costumamos dizer que soam terríveis; de fato, uma caca.

Não é assim que ouvimos os chilreios das pessoas ao redor — membros de família, amigos e principalmente a pessoa que amamos? Em nossa mente, congelamos o canto em constante mudança num tema de filme — a mesma melodia com apenas algumas variações — e chamamos esse tema de *ele* ou *ela*. Criamos histórias, impressões, e descrições resumidas dessas pessoas, que parecem permanentes e claras, reduzindo-as a um tamanho apreensível. Mas é isso que elas realmente são? É o que realmente somos?

Só posso investigar quem eu sou neste momento. Quem é esse *eu* agora, vivendo com um homem ou mulher que amo? Uma pessoa, uma energia, um momento? E quem é esse *ele* ou *ela* a quem amo, mas de quem estou com muita raiva neste instante? Toda vez que você pensa que sabe quem essa pessoa é, já está errado, pois o momento mudou, as circunstâncias são diferentes, então você, ela e ele são diferentes. Ninguém é uma medida fixa, então sua opinião tampouco pode ser fixa.

"Mãe, sempre adoro ouvir sua voz", eu disse à minha mãe distante, certa vez, ao telefone. "Você sabe", respondeu ela, "depende do ouvido." Em meu ouvido, sua voz era uma canção melodiosa; no de outra pessoa, era um lamento, um gemido ou mesmo um guincho.

A vida é vibrante e dinâmica. Apegar-se a uma opinião fixa sobre alguém — *você está sempre reclamando, você nunca faz o que promete* — é como tomar a energia livre e espalhada de uma pessoa e tentar prendê-la na gaiola de suas opiniões. Quando faz isso, você não se aprisiona também? Não enjaula seu relacionamento?

Com periquitos domésticos, à noite limpamos os resíduos, mudando o papel do fundo da gaiola. Como você limpa o resíduo, dia após dia, em um relacionamento? Ao abandonar nossas opiniões fixas sobre a pessoa que amamos, descobrimos que nossos rótulos se tornam menos definitivos, mais fluidos. Quando abrimos o coração, nossa atitude se torna de curiosidade e indagação: *o que é isto?*

Pode ser canção melodiosa, guincho e tudo entre os dois extremos. E já que se move e muda o tempo todo, pode se tornar todas essas coisas em um curto espaço de tempo. Qual é o máximo que podemos dizer? Que neste momento é assim.

Mas, e no próximo? E depois dele?

◆ ◆ ◆

O que você faz com o lixo em seu relacionamento? Abrir as portas e janelas ajuda, mas o que você está fazendo com suas opiniões?

Selena: sem qualificação

Desse jeito não dá,
Daquele jeito não dá.
Sem ser desse jeito não dá
Sem ser daquele jeito não dá.
Socorro!

KOAN

Ao se mudar para Los Angeles, Selena e sua esposa encontraram o apartamento ideal e estavam ansiosas para se estabelecer em sua vida de casadas. Mas ao mudar descobriram que seu vizinho de cima pisoteava no teto do quarto delas a noite toda, emitindo uma ladainha de declarações racistas, sexistas e homofóbicas. Selena ficou profundamente enredada em seus pensamentos sobre ele, odiando-o e fazendo de tudo para evitá-lo. Uma tarde, Selena voltou para casa e encontrou seu vizinho podando as rosas no espaço comum do jardim. Ele a chamou e declarou: "Gosto mais da sua esposa do que de você."

Estupefata, Selena ouviu-se respondendo: "Eu também."

Seus olhos se encontraram, e ambos desataram a rir, compartilhando um "toca aqui!". As defesas de Selena derreteram.

REFLEXÃO

Selena estava morando em seu apartamento dos sonhos com a mulher que amava, mas o comportamento do vizinho de cima a desafiava de várias maneiras. Não é esse o jeito do eu condicionado? Há sempre uma exceção — aquela coisa que impede a nossa paz de espírito. Podemos nos tornar facilmente fixados no objeto de nossa insatisfação: *se ele não fosse meu vizinho, a vida no apartamento seria perfeita*. Somos programados para seguir esse caminho do *se ao menos: se ao menos eu tivesse mais dinheiro, se meu marido não tivesse tido um derrame, se meu chefe não fosse tão idiota*.

Selena sentiu que, por baixo de seu comportamento e sua aparência grande e áspera, o vizinho era uma pessoa de bom coração. Ele também tinha expressado desconforto por ter novas vizinhas às quais teria de se ajustar; afinal, não hesitara em dizer-lhe o quanto gostava do ex-vizinho. Selena não tinha ideia de como se relacionar com ele; estava emaranhada numa rede constritiva de reatividade, fazendo tudo o que podia para evitá-lo. Ela o qualificou, chamando-o de "sopeador", "homófobo" e assim por diante.

Em torno de que sua mente se enrasca? *Dessa maneira não dá, daquela maneira não dá* — quando você foi repetidamente aprisionado à sua reatividade? Mesmo quando deseja afirmar a conexão, você simplesmente não sabe como fazê-lo. Em vez disso, dobra a aposta e parece incapaz de se conectar com a humanidade comum que compartilha com a outra pessoa. Selena estava perdida, com todos os seus botões pressionados ao máximo.

De acordo com sua prática espiritual, Selena esforçava-se para manter coração e mente abertos, para partir do não-saber em vez da reatividade. Mas seus sentimentos sobre homófobos e racistas continuavam convergindo para seu vizinho e, quanto mais faziam isso, menos ela era capaz de vivenciá-lo e a si mesma de maneira aberta e não preconceituosa.

Isso continuou até o dia em que, antes que ela pudesse evitá-lo mais uma vez, ele a viu e chamou. Todos nós fomos atraídos assim: a própria pessoa que estamos evitando aparece de repente perante nós, e é tarde demais para nos escondermos novamente. Então aqui estava Selena cara a cara com a pessoa cujas qualidades, como ela as enxergava, deixavam-na tão desconfortável.

"Gosto mais da sua esposa do que de você!", declarou o vizinho.

"Eu também!", ela respondeu sem hesitar. Não houve tempo para seu giro de pensamento habitual, nem tempo para recuar de volta à sua mentalidade usual.

Em vez disso, um momento de transcendência: uma faísca. Uma conexão saudável, uma ótima risada, um "toca aqui". Não havia mais resistência. Na verdade, não há nada como receber um choque que nos tira de nós mesmos.

O que muda para você num momento como esse, quando todos os fingimentos e rótulos despencam? A luta dele e a luta dela foram extintas no imediatismo do encontro surpresa. Naquele momento, Selena ficou subitamente sem qualificação, irrestrita e livre.

◆ ◆ ◆

Quando a reatividade é extinta, como você cumprimenta uma pessoa cuja presença lhe causa aflição? Ouça profundamente e observe a si mesma de perto: vá para o lugar além das qualificações. Onde fica?

Herman: chorar

> Alegria, alegria, grande alegria.
> Tristeza, tristeza, grande tristeza.
> Lágrimas caem e o coração suaviza-se por si.
> Por que chora um grande ser?

KOAN

Sempre que Herman voltava de uma viagem, sua mãe chorava de alegria no momento em que o via; sempre que ele partia novamente, a mãe chorava de tristeza. Herman ficava profundamente envergonhado com seu choro, especialmente quando acontecia no aeroporto, diante de todos.

Cada vez que ela chorava, Herman dizia: "Mãe, por favor, não chore assim. Se continuar chorando desse jeito, não voltarei mais para casa." Mas mesmo assim a mãe chorava.

Um dia, Herman viu-se chorando também.

REFLEXÃO

Quando a meditação é praticada com regularidade, com frequência as emoções surgem espontaneamente. Você pode vivenciar raiva, tristeza, solidão e, não raro, um dilúvio de lágrimas.

Muitos alunos me dizem: "Algo está errado com minha meditação".

"Por que você diz isso?", pergunto.

"Porque estou chorando", é a resposta frequente. A meditação libera as emoções — não é uma prática seca. Ao permitir que os sentimentos aflorem na meditação, você vivencia uma liberação e purificação naturais. Uma aluna, que chorava sempre que me via, disse certa vez: "Por que você não me ensina algo?" Eu respondi: "Você precisa chorar. Seu corpo-mente está se curando." Chorar prepara o terreno para brotarem as sementes do despertar.

A meditação revela sua humanidade. Você aprende a viver na pele do ser humano que você é, fazendo o que seres humanos fazem: sentir raiva, solidão e tristeza, rir e chorar. Isso tudo parece errado e estranho, dependendo dos sentimentos que você reprimiu devido ao condicionamento familiar ou cultural, ou à profundidade do trauma que vivenciou. O choro é uma resposta humana natural e saudável à vida.

Será que chorar o deixa desconfortável? Será que você suprime seus sentimentos? Você está em apuros quando sua prática de meditação tem em sua base a imagem de um meditante sereno, removido da luta das emoções humanas. Será que você pode abandonar essa imagem e encontrar o lugar natural dentro de si para sentimentos e emoções? Ou você está se moldando à sua imagem do que seria um meditante? Onde é o lugar dos sentimentos na prática espiritual?

Herman era um homem determinado e racional que estabelecera o objetivo de tornar-se engenheiro e, embora sentisse de modo profundo, não expressava livremente suas emoções. A liberdade emocional de sua mãe o constrangia. Ele tentava mudá-la e se distanciar mais de seus próprios sentimentos. E você, qual é a sua estratégia?

O zazen — sentar-se quieto e aberto — é profundamente curador. Sempre me surpreende o quanto é revelado e liberado no simples ato de sentar em silêncio, com consciência receptiva, aberta a tudo. Sentar é fundamentalmente todo-inclusivo: este próprio corpo-mente inspira o universo inteiro e expira o universo inteiro. Você mesmo está sendo respirado por tudo — onde algo poderia ser escondido? A prática permite-lhe não temer as emoções; elas são energia — não as reprimir torna-o forte e resiliente.

A prática da meditação nos dá o dom de sentir diretamente, sem nossos métodos habituais de interferência. Por meio do sentar, você desenvolve estabilidade, amplidão e uma atenção disciplinada. Essas três qualidades juntas capacitam-no a se sentar no meio de emoções fortes, sem reagir nem as reprimir. Você aprende a sentir diretamente o que está surgindo em seu corpo: o aperto dos músculos no abdômen, a onda de calor no peito, a umidade morna nos olhos. A mente condicionada é rápida em adentrar uma história sobre o que está acontecendo. Será que você consegue interromper a narrativa, impedindo a história de obscurecer a sensação real que surge em seu corpo? Você pode sentir a energia diretamente? Isso não quer dizer que as circunstâncias e razões não sejam importantes, mas que, quando você consegue dar um passo atrás e sentir a experiência diretamente no corpo, sua resposta é em geral mais apropriada à situação.

Herman engajara-se numa estratégia elaborada em torno do choro de sua mãe. Um dia ele se viu chorando com ela — uma bela experiência compartilhada. Uma coisa é chorar sozinho em nosso quarto, outra é chorar junto. Lembro que após a morte de meu mestre-raiz, Taizan Maezumi Roshi, meu irmão no darma, rabino Don

Singer, disse: "Agora sabemos que a sanga sobreviverá, pois todos choramos juntos".

Ao ver-se chorando com a mãe, Herman percebeu que não tinha de tentar mudá-la; não havia nada a consertar. Ao perceber que as lágrimas dela expressavam seu amor, a ternura e vulnerabilidade naturais dele afloraram. Como é para você? Conte-me, como chora uma pessoa desperta?

◆ ◆ ◆

Será que você vivencia suas emoções diretamente como energia pura, ou tenta escapar, encenando, reprimindo ou contando histórias sobre elas? Você sucumbe à imagem de uma meditante rígida, que está acima dos sentimentos?

Emma: bolso de amor

> Jornais e revistas amarelados empilhados.
> Caixas de papelão transbordando
> de roupas velhas.
>
> Sacos de papel, de plástico, papel
> de embrulho e laços.
>
> Livros e revistas cobertos de poeira —
> Ai de mim, que estado de espírito é esse?

KOAN

Emma era uma acumuladora. Certa noite, dormindo em seu minúsculo apartamento abarrotado, teve um sonho: um homem cozinhava uma refeição para ela, e uma mulher a ajudava a limpar. A própria Emma estava vasculhando uma grande pilha de cartões. De repente, sentiu-se inundada de amor. Então disse: "Eu sou irrestrita. Por que estou me agarrando a essas coisas? Há infinitas possibilidades".

Ao acordar, Emma declarou em voz alta: "Sou um bolso de amor e todo mundo também é." No dia seguinte, olhando pela janela, ouviu as árvores, a grama e as paredes dizerem: "Amor. Amor."

Emma foi visitar sua mestra, perguntando: "O que vou fazer quando essa consciência desaparecer?"

A mestra respondeu: "Mudar para o amor é tão fácil quanto sorrir".

REFLEXÃO

Emma viveu até sua sétima década com a crença persistente de que não era digna do amor. Embora tivesse realizado muitas coisas em sua vida, escondera-se em si mesma, atravancando o apartamento com pertences, incapaz de separá-los e livrar-se deles. Tinha vislumbres de como viera a ser assim, mas sentia que seria difícil demais mudar.

Talvez haja um pouco de acumulador em cada um de nós. Será que você usa coisas para criar uma barreira protetora a seu redor? Algumas pessoas também podem acumular devido à sensação de que falta algo essencial, de que existe um vácuo dentro delas que nada — nem mesmo todo o amor no mundo — pode preencher. Às vezes, uma voz ranzinza, dizendo *eu não sou amorável,* vive dentro de nós como um sussurro; outras vezes, um grito alto e claro.

Talvez você também esteja consumido por um medo subjacente de não ser amorável. Não importa o quanto tenha meditado, estendido bondade amorosa a si e aos outros, ou quantos anos de terapia tenha feito, a sensação de não ser amorável persiste. Talvez você empregue estratégias de autoaperfeiçoamento, mude de circunstância, ou se torne o melhor em seu trabalho para compensar essa falta.

Certa noite, Emma sonhou que estava inteira e completa: viu a si mesma como um bolso de amor. A realização de Emma me lembra o monge Seizei que, na busca de se libertar do espírito de pobreza, recorre ao mestre Sozan, implorando socorro. Mestre Sozan responde: "Você já bebeu três canecas do melhor vinho e ainda assim diz que nem umedeceu os lábios".[14] Como é que, sendo você mesmo o melhor dos vinhos, ainda não sabe disso?

Ao continuar optando pelas velhas rotinas habituais, repassando as mesmas histórias em sua cabeça sobre medo, insegurança e ódio, a escolha que você faz reforça sua autoabsorção. Em vez disso, imagine criar uma enorme pilha de compostagem cheia de medo, falta de confiança e ódio de si mesmo. Ao adicionar esses ingredientes ao composto, pratique aceitar essas qualidades sem entregar-se a elas, como é sua tendência, e revolva a pilha. Faça isso repetidamente, exercendo grande paciência ao aceitar tudo o que você é, inclusive seus pedaços quebrados e tudo o que está acumulando. Ofereça amor à sua vulnerabilidade. Ao abraçar seu sofrimento com ternura desse jeito, a pilha de composto se tornará um adubo denso em nutrientes para o solo de seu despertar.

Emma descobriu que repousar no amor era libertador, muito preferível a viver com seus medos e pensamentos perniciosamente limitantes. Percebendo que não havia restrições, ela poderia escolher continuamente o amor e vivê-lo momento a momento, na aceitação íntegra de tudo que surgisse em sua vida. Após um tempo, no entanto, Emma ficou preocupada que esse amor também passasse. "E então?", perguntou à mestra. A mestra respondeu: "Amar é tão fácil quanto sorrir. "

O amor está sempre aqui, neste momento. Logo após seu sonho, Emma tomou uma grande decisão: arrumou seus pertences e foi morar em outro estado.

Mude!
Sorria!

◆ ◆ ◆

O que você tem no bolso? Que barreira protetora constrói ao seu redor para manter a vida a distância? Mostre-me como você revolve a pilha de compostagem dos pedaços quebrados!

Jackie dá um presente

> O doador é vazio,
> O receptor é vazio,
> O presente é vazio.
> Então por que estou sofrendo tanto?

KOAN

Quando Jackie estava prestes a receber os preceitos Zen budistas, seu mestre disse que a cerimônia incluía prostrações para os pais. Jackie deixou escapar que, anos atrás, enviara ao pai cem dólares, embora sua mãe sempre a advertira a não enviar dinheiro porque "ele ia apenas bebê-lo". Ao receber o dinheiro, seu pai comprou uma caixa de uísque, bebeu-a toda, foi hospitalizado e morreu. Jackie passou anos no sofá de um psicólogo por causa disso.

O mestre ouviu-a, acenou com a cabeça e disse: "Aquilo foi doar".

Ao ouvir isso, Jackie foi curada.

REFLEXÃO

Com que coração você dá? Com que coração recebe?

Jackie deu um presente ao pai, e o modo como ele o usou trouxe a ela anos de angústia. Os Dez Preceitos Graves do Zen lembram-nos o tempo todo de que não devemos beber álcool, anuviando a mente, mas também somos advertidos a não criar condições para outros ficarem bêbados, anuviando a mente. Embora a culpa e o senso de responsabilidade de Jackie pela morte do pai fossem compreensíveis, o que na resposta de seu mestre — *aquilo foi doar* — libertou-a por fim de seus anos de angústia?

Dizemos no Zen que doador, dádiva e recebedor são todos vazios de qualquer senso fixo de *você* e *eu*, de expectativa e implementação. No reino da natureza intrínseca da vida, não há *você* que dá, *você* que recebe e nenhum presente que é dado — há apenas energia circulando. A doação baseada em interesse próprio, impulsionada por interesses pessoais, está repleta de sofrimento. A prática de dar incondicionalmente, por outro lado, alinha você com o fluxo dinâmico e interdependente da força da vida, que está além de *você* e *eu*.

O que isso significa para o modo como se dá algo? Você deve naturalmente considerar a hora, a pessoa, o local e a quantia, a fim de dar um presente apropriado. Mesmo dar desse modo bem pensado, entretanto, exige consciência e disciplina, a fim de detectar interesse próprio sutil. Talvez você seja atormentado por um diálogo interior atordoante: *Como esse presente me fará parecer? O que vou perder por dar esse presente? Vou me arrepender de tê-lo dado?* Então me diga, como dar com total renúncia? Será que Jackie estava errada em dar cem dólares ao pai? Será que aquele dinheiro foi o presente errado para dar ao pai? O pai estava errado ao usar o presente como o fez?

Um dia eu estava sentada num restaurante, quando um mendigo entrou e foi de mesa em mesa pedindo um trocado. Enquanto o via circular por todo o restaurante, coloquei algumas moedas na mesa. Quando ele veio em minha direção e pegou as moedas, assentimos com a cabeça um para o outro. Assim que ele saiu, um cliente do restaurante veio até mim, gritando: "Por que você deu o dinheiro? Não sabe o que ele vai fazer com isso?" "Não", respondi. "Não sei o que ele fará e também não me importo." "O quê?", gritou o irado freguês, "Você não se importa?!", e se afastou brutalmente, com nojo e frustração. Enquanto os outros clientes voltaram às suas refeições, permaneci lá surpresa com minhas próprias respostas.

Quando será que um presente se torna um presente — quando é dado, quando é recebido ou quando é recebido e doado de novo? A natureza é talvez a melhor manifestação de renúncia. O ar circula livremente por toda a terra, a chuva cai igualmente sobre as plantas, e nós absorvemos o oxigênio que elas liberam, sem inibição. Assim como sua vida ajuda a sustentar a vida de outros, o inverso também é verdadeiro. Nesse ciclo contínuo de dar e receber, você está naturalmente alinhado com a base da vida do bodisatva – a perfeição da generosidade. Em que ponto a doação se torna condicional?

Será que o verdadeiro impacto de um presente pode ser conhecido? Quando a jovem pastora de vacas, Sujata, viu um asceta sofrendo, ofereceu-lhe uma tigela de coalhada. O asceta bebeu, sentou-se debaixo da árvore bodhi e tornou-se iluminado — um buda. A oferenda de Sujata fez sua jornada através dos próximos quarenta anos da vida de Buda, enquanto este conduzia outros ao despertar. Aqui e agora, séculos depois, aquela tigela de coalhada continua a dar vida a você e a mim. Recebê-la com gratidão e compartilhá-la com outros é a jornada da oferenda; o mestre de Jackie usou-a para libertá-la. Talvez essa oferenda termine sua jornada quando todos os seres forem liberados. Que possa ser assim.

◆ ◆ ◆

Que expectativas você atribui a doar? Com que mente você recebe as oferendas dos outros? Da própria vida? Identifique um presente transformador. Você consegue traçar sua jornada?

Carlos: uma pessoa imaginária

> Diga-me o que fazer, por favor.
> Faça a receita fácil de lembrar.
> Quero colar na parede.
> Deve se aplicar a todos.
> Epa!

KOAN

Carlos perguntou: "Mãe, alguém do nosso bairro foi realmente maldoso comigo hoje. O que devo fazer com ele?"

Sua mãe respondeu: "Quem é esse alguém? Diga-me quem ele é; não posso lhe dar sugestões para uma pessoa imaginária."

Carlos teve um insight.

REFLEXÃO

Carlos gostava de desenvolver regras e estratégias de como se comportar; esperava evitar dificuldades, sabendo quais regras seguir. Dessa forma, pensava, poderia evitar interações desagradáveis e saber sempre qual a coisa certa a fazer.

Essa é uma abordagem comum entre aqueles que gostam de regras explícitas, espécie de manual de instruções para viver. Não há risco envolvido: apenas faça isso e não faça aquilo. É a abordagem literal que não abre espaço para as complexidades de situações reais, que parecem bagunçadas demais para serem tocadas. Nuance e ambiguidade, no entanto, são a própria natureza da vida.

Quando estudamos os preceitos no Zen, são feitas várias abordagens. Por exemplo, existe a abordagem literal: *faça isso e não faça aquilo*. Há também a abordagem relacional: *faça isso e não faça aquilo, dependendo das circunstâncias*. As regras, por outro lado, não estão totalmente vivas, pois são criadas com base em experiências passadas. Isso não significa que uma regra não tem valor, mas surge a questão de saber se e como ela se relaciona com a situação real agora. Fixar-se em uma regra pode desconectá-lo das particularidades da situação real que você está vivendo. A vida não é uma generalidade.

O que você faz quando não sabe o que fazer?

Uma vez, aconselhei um casal em preparação para o casamento. Eles estavam reescrevendo os preceitos Zen budistas, colocando-os na forma de votos que mais bem se adequassem a seu relacionamento e esperanças de vida juntos. Tiveram um entrave e voltaram para me ver. Ouvindo-os, ficou claro para mim que, por um lado, ela abordava a vida a partir de um conjunto claramente definido de *faça* e *não faça*. Ele, por outro lado, sentia-se à vontade em lidar com ambiguidade, discernindo contextos e circunstâncias.

Qual é sua propensão? O que o deixa todo atrapalhado?

A mãe de Carlos sabia que as particularidades são importantes. Isso inclui as nuances de cada situação e a singularidade de nossas personalidades. As pessoas vêm a mim, como mestra, para discutir uma dificuldade que estejam tendo com outra pessoa em nossa comunidade. Essas conversas costumam parecer muito com a conversa de Carlos e sua mãe. A relutância dos membros da comunidade em ser específicos sobre a pessoa ou situação em questão é compreensível, mas geralmente solapa minha capacidade de responder de maneira direta e útil. Afinal, as situações da vida não são hipotéticas. Você e a outra pessoa são seres particulares com características únicas e específicas, e serão mais bem servidos pela disponibilidade de se envolverem um com o outro. Reduzir a situação a uma abstração não é eficiente nem útil.

Obviamente, você pode refletir sobre sua parte numa situação preocupante; a autorreflexão é, afinal, um componente indispensável da vida espiritual. Mas quanta autorreflexão é a quantidade certa? Reparei que as pessoas que se inclinam com frequência a essa prática mostram sinais de autoabsorção. Há demasiado "eu" em suas reflexões. Isso se dá com você? Afinal, há pelo menos uma outra pessoa envolvida também. Como você se envolve com ele ou ela de maneira aberta e expansiva, não reduzindo essa pessoa a uma abstração?

Quem é essa outra pessoa? Lembro que meu mestre do Zen, após ouvir seus alunos darem palestras do darma, disse: "Vocês todos falam sobre o que é igual — a natureza essencial de todos. Digam-me, o que vão fazer com as diferenças? As diferenças são importantes". Como você conhecerá as diferenças? Pondo de lado suas projeções e julgamentos de valor, diga-me: quem está diante de você? Isso continua muito vivo para mim: de onde está partindo a pessoa? Que singularidade está trazendo para a situação? Como posso aprender sobre isso sem julgamento, mas com curiosidade e abertura?

Bernie Glassman, fundador dos Zen Peacemakers, costumava dizer: "Se você quer conhecer a unidade, precisa conhecer as diferenças". A mãe de Carlos conhecia a sabedoria das diferenças; sabia que a vida não é prescritiva e geral, mas rigorosamente diferente. Ela não via as diferenças como um problema, mas como expressões únicas da vida que devem ser reconhecidas como tal, para que uma resposta apropriada possa surgir. Quando não vê isso, você está de fato lidando com uma pessoa imaginária.

    Neste momento, mostre-me a diferença!

◆ ◆ ◆

Quando você reage a alguém, a qual diferença ou qualidade específica está reagindo? Quando deixa de lado seu julgamento, quem está diante de você?

CRIAR FILHOS

Salaam: não fazer o suficiente

"Um, dois, três indiozinhos"[*] [já basta!] –
"Quatro, cinco, seis indiozinhos"
[quer dizer que há mais?] –
"Sete, oito, nove indiozinhos..." –
SOCORRO!

KOAN

Salaam tinha cinco filhos pequenos, por isso mantinha o chão de um quarto coberto de colchões. Os mais novos, bebês gêmeos, ficavam deitados ao seu lado para que ela pudesse amamentá-los sempre que sentissem fome. Ao mesmo tempo, ela podia dar a mamadeira ao do meio e manter os dois mais velhos bem próximos, pois precisavam dela também. Era exaustivo, mas ao menos ela não precisava se levantar e mudar de quarto cada vez que passasse de uma criança a outra. Ainda assim ela se perguntava ansiosamente dia e noite: estou fazendo o suficiente?

REFLEXÃO

Uma mulher, cinco crianças pequenas.
Alimentar, segurar, trocar fraldas, acariciar, beijar, ouvir, abraçar, fazer cócegas, sussurrar, cantar, ninar, balançar,

---

[*] *Ten Little Indians*, antiga canção infantil americana para aprender a contar. [N. dos T.]

amamentar, saltar, cozinhar, lavar, passar, esfregar, brincar, cantarolar, limpar, esvaziar o escorredor, dar banho, ensaboar, fazer compras, escovar, enxugar, dirigir, afagar e fazer arrotar. Para não mencionar o marido que precisa de atenção, os pais que perguntam por que você não telefona com mais frequência, os retiros que você não pode fazer, as reuniões da escola para as quais está sempre atrasada e os amigos que você nunca vê, mas que lhe dizem para se cuidar.

Como?

O que fazer quando sou confrontada com necessidades sem limites, reivindicações sem fim? O trabalho nunca termina e não descanso o suficiente. Toda noite vou para a cama sabendo que o dia seguinte será assim, e o seguinte e o seguinte. Outra mãe me disse: "Quando abro os olhos pela manhã e penso no que está por vir, só quero rastejar de volta para baixo do cobertor e adormecer".

Salaam perguntava: "Estou fazendo o suficiente?" Como você mede *suficiente*? Um sorriso de seu filho, cinco, dez? Três de cada? Uma definição de *suficiente* pode ser que seus filhos estão seguros, limpos, alimentados e protegidos. Mas e a atenção? E o amor?

Qual é sua resposta? Seja qual for, você pode abandoná-la? Pode ver a natureza fluida de *suficiente/não suficiente* e manter o conceito com leveza?

Talvez seu senso de *suficiente* venha da leitura de muitos livros sobre educação infantil; talvez provenha de um sentimento de não ter recebido o suficiente de seus próprios pais; talvez de ter visto uma amiga criar seus filhos, idealizando-a e decidindo que você quer ser como ela. Não importa de onde vem, o que importa é *brincar livremente na Terra Pura*, como dizemos em um de nossos cânticos budistas. Para seus filhos, isso pode significar tempo no tanque de areia, mas para os pais significa não serem prisioneiros do *suficiente*.

Que conjunto de critérios estou usando para me julgar, impedindo-me de testemunhar e apreciar meus esforços em si mesmos?

"A correria e a pressão da vida moderna são uma forma, talvez a forma mais comum, de sua violência inata. Permitir-se ser levado por uma multidão de preocupações conflitantes, entregar-se a demasiadas demandas, comprometer-se com demasiados projetos, querer ajudar a todos em tudo, é sucumbir à violência".[15] Thomas Merton, contemplativo e ativista católico, endereçou essa preocupação aos ativistas sociais, mas bem que poderia estar falando com muitos de nós, que gostariam de fazer mais e acham que devem fazer mais. A vida chama e respondemos da melhor forma que podemos, incluindo o ato criativo e compassivo de cobrir o chão com colchões.

A palavra *overwhelm* [sobrecarregar] vem de *whelm*, antiga palavra que no inglês mais remoto significa *cobrir*. Quando me sinto sobrecarregada, sinto-me afogada ou esmagada por um fardo pesado que me cobre e mal me deixa respirar. Mas que fardo é esse? É minha vida ou são os conceitos e ideais aos quais me apego?

Em vez de ficar presa à rotina sem saída de perguntar o que é suficiente — o que implica falta —, será que você pode reformular a experiência como algo positivo e afirmativo, vendo cada momento como uma expressão completa de seu amor por esta criança? Um quarto cheio de colchões mostra criatividade, habilidade e compaixão funcionando. Que maravilha poder ter todos os seus filhos juntos num aposento — um espaço ligando todos! Cada momento também liga tudo, não importa o quão incompleto possa lhe parecer por causa de suas ideias e conceitos sobre ele.

Habite seu corpo-mente por completo. Meia hora de atenção e presença totalmente corporificadas evoca abundância e amor muito mais do que a pressa de tentar cobrir todas as possibilidades. E se você se sentir sobrecarregada, dê um suspiro e volte a respirar.

Ter um filho não é uma adição linear, como adicionar um quarto a uma casa existente: muda a casa inteira. O mesmo se dá com ter um segundo filho, um terceiro e um quarto. Como você responde?

◆ ◆ ◆

"Desde o início, nada foi sonegado", diz Eihei Dogen, fundador no Japão da escola Soto Zen. Nesse caso, o que não é suficiente em sua vida? O que é demasiado ou escasso? Se você acha que sabe, retorne ao não-saber.

Myokan: "MANHÊ!"

O "manhê" das crianças não deve
nada ao "Mu!" de Chao-Chou.

Com o segundo, o mundo desmorona;
Com o primeiro, o abismo se abre —
Não uma vez, mas centenas de vezes.
MANHÊ! MANHÊ! MANHÊ! MANHÊ!

KOAN

MANHÊ! Hoje não tenho roupa de baixo limpa para ir à escola!

MANHÊ! Podemos passar na casa da outra mãe agora e pegar minhas coisas de lacrosse?

MANHÊ! Meu açúcar no sangue está baixo!

MANHÊ! Perdi o ônibus escolar!

MANHÊ! Aqui está um narciso que peguei para você no jardim do vizinho.

REFLEXÃO

Eu te amo! Eu te odeio! Rasguei minha malha! Preciso de uma carona! Meu nariz está sangrando! Não vou à escola! Adoro meu telefone! Não como mais carne! MANHÊ! PAIÊ! MANHÊ! PAIÊ!

Uma coisa após a outra, dia após dia após dia após dia.

"Eu costumava meditar todas as manhãs", disse um pai. "Quando tivemos filhos, eu acordava cada vez mais cedo para meditar e comecei a fazer períodos cada vez mais curtos. Agora, se tiver sorte, sento-me por dez a quinze minutos, e as crianças começam a chamar antes de eu terminar." *O que tem de café da manhã? Posso assistir TV? O cachorro precisa sair! Quem vai me levar para o treino de futebol?*

Quando você é pai ou mãe, é bom designar pequenos períodos de meditação em vez de longos; é bom planejar algo prático e viável. Mas a meditação é uma prática de prestar atenção a cada momento ao que estiver à mão. Não é isso o que você deve fazer pelo resto do dia?

A história budista está cheia de relatos de monges sentados no frio congelante, em rochas de arestas afiadas ou sob água pingando, como meio de manter o foco e a atenção. Hoje em dia monges Zen japoneses no grande templo de Eihei-ji continuam lavando diariamente suas muitas escadas com escovas de dente, prática de centenas de anos. Da mesma forma, os pais de hoje são chamados a prestar atenção aos filhos e suas necessidades hora após hora, momento a momento — um cronograma implacável de prática.

> Mãe!
> Estou chegando.
> Pai!
> Estarei lá.
> Mãe!
> Vou te levar para a escola.
> Pai!
> Vou preparar seu almoço.

Não se esqueça: as crianças não são as únicas a competir por nossa atenção. Tudo clama o tempo todo: todos os dias as folhas demandam sol, as raízes das árvores buscam umidade, os pássaros procuram vermes, os falcões caçam outros pássaros, nosso coração pede sangue e nossos pulmões, ar.

O mundo chama e o mundo responde. Quando nossos filhos são pequenos e não podem cuidar de si mesmos, cuidamos deles, mas a vida cuidava deles muito antes de nascerem, provendo oxigênio para os pulmões e um sistema inimaginavelmente complexo que abrange trilhões de células. Não importa o quanto trabalhemos, não podemos duplicar esses esforços. As necessidades e desejos de nossos filhos — *Onde está minha lancheira? O telefone está tocando! Você lê uma história pra mim?* — são os saborosos molhos num banquete que levou bilhões de anos para ser preparado e cozido, sendo servido há muito tempo.

Isso não significa que não cuidamos deles. É um bom lembrete de que a maior parte não depende de nós.

Os cânticos litúrgicos do Zen são geralmente seguidos por dedicatórias. Essa é uma delas:

> *A luz absoluta e luminosa em todo o universo,*
> *excelência insondável que penetra em*
> *todos os lugares.*
> *Sempre que essa sagrada invocação é enviada,*
> *ela é percebida*
> *e respondida sutilmente.*

Todo pedido, todo chamado é percebido e sutilmente atendido. Ficamos de pé e o chão nos sustenta; meu dedo pressiona um botão e luz se irradia pela sala; puxo uma maçaneta e a porta se abre. Kwan Yin, mãe de compaixão, é com frequência retratada com muitas mãos, pois nunca para de trabalhar, e sou apenas uma de suas infinitas mãos.

Meu mestre e marido, Bernie Glassman, costumava dizer que, se soubéssemos antecipadamente quantas respirações teríamos de fazer para viver até o fim de nossos dias, as quais podem chegar a centenas de milhões, alguns de nós se sentiriam bastante desencorajados antes mesmo de começar. Mas precisamos começar, uma respiração após a outra, dia após dia após dia.

Ao fazer isso, respiramos super-rápido a fim de terminar logo com a tarefa? Começamos a hiperventilar?

É muito comum nos apressarmos diante de muitas demandas, executando ações múltiplas ao mesmo tempo, como loucos. Meu avô, velho rabino de antes do Holocausto na Romênia, costumava espiar por cima da barba sua neta pequena e alvoroçada, e dizia, abanando o dedo: "Nem mesmo os anjos podem fazer mais de uma coisa de cada vez." Não importa quantas demandas a vida nos faça, afinal só podemos cumpri-las uma de cada vez. Visto que isso é tudo o que nosso sistema foi projetado para fazer, tentar eternamente fazer mais nos estressa.

Tome café da manhã, lave as tigelas, carregue água, corte lenha: instruções básicas do Zen há mil e trezentos anos sobre como viver plenamente sua vida. Você pode tentar executar suas tarefas com rapidez e facilidade, correndo de uma coisa a outra. Ou pode respirar fundo, dizer *sim* ou *não*, encontrando o olhar de seu filho, permanecendo completamente no momento. MANHÊ! torna-se o sino da atenção, lembrando-o de mergulhar, neste momento.

◆ ◆ ◆

Será que você pode passar uma hora — ou meia hora — por dia estando totalmente atenta a seu filho ou filha? Quando outras coisas surgirem, traga sempre sua atenção de volta a ele ou a ela.

A lavanderia de Sara

Lavar roupa, catar brinquedos, limpar
a casa, preparar o jantar —

São atividades deludidas ou iluminadas?

Se você acha que é fácil dizer não, tente dizer sim.

Para além de não e sim, onde fica a sala
de meditação numa casa bagunçada?

KOAN

Sara ouve o filho chamando de outro cômodo. "Estou indo!"

Ela caminha pelo corredor e pisa num pedaço de Lego. "Ai!"

Vira e escorrega numa capa de Super-homem largada no chão. "Opa!"

Empurra para o lado uma imensa pilha de roupa no sofá, senta, olha nos olhos do filho e tem um insight.

REFLEXÃO

Gostamos de organizar nossa vida desordenada em categorias com títulos, como *objetivos, bagunças, fracassos, sucessos, obstruções* etc. Embora esses rótulos nos ajudem a atribuir sentido às coisas, dando-nos até uma sensação de controle, eles nos isolam cada vez mais da experiência real.

Ai! e *Opa!* lembram-nos de que estamos vivos. Peças de Lego, com suas famosas arestas, são maravilhosamente configuradas não apenas para encaixar uma na outra, mas também para nos despertar quando pisamos nelas: *Ai!* Pensei que estava com pressa de chegar ao outro cômodo para estar com meu filho e — *Ai!* Ou então uma capa do Super-homem faz casualmente minhas pernas deslizarem e meus joelhos quase cederem no caminho apressado para o próximo cômodo: *Opa!*

Ai! e *Opa!* fazem-nos esquecer de nós mesmos, nossos pensamentos, planos e distrações, como a pancada da barra achatada de madeira, usada nos ombros de praticantes Zen na sala de meditação. Nos koans antigos, um mestre grita ou bate com seu cajado para tirar o aluno do plano mental e entrar no *AGORA!* Será que cuidar de sua família e do lar não apresenta oportunidades semelhantes? A água quente do chuveiro fica fria de repente, a máquina de lavar quebra no meio do ciclo e o cachorro tem "um acidente" no chão logo depois de você ter passado o pano. Todas essas experiências puxam o tapete de nossas suposições e certezas, mesmo que só por um instante, antes que tenhamos tempo para reagir. Nesse instante, ficamos fora do plano mental e realmente aqui.

Com que rapidez escapamos da vivência e nos apressamos à reatividade? Quão rápido voltamos à nossa cabeça?

A questão não é como evitar uma vida de armadilhas e surpresas, não há como evitar isso. A vida é feita de contratempos, acidentes, caminho tortuoso de reviravoltas imprevistas – e é viável. Nós adicionamos uma grande quantidade de sofrimento desnecessário por meio de nossas críticas, arrependimentos e comentários pesarosos sobre nossa vida: *Por que isso teve que acontecer? Como ele pôde fazer isso comigo?"*

"Como você segue reto no caminho estreito que tem noventa e nove curvas?", pergunta um koan clássico. A resposta está precisamente na pergunta. Como Sara demonstra, não há curva que não seja navegável: uma peça de Lego, uma capa de Super-homem, pilhas de roupas para passar, uma tragédia inesperada, doença, morte — essas coisas não são separadas do caminho estreito; elas *são* o caminho estreito. Cada evento pode ser também um portão, uma promessa, um ensejo de intimidade.

Niklaus Brantschen, jesuíta suíço e mestre Zen, foi extraordinariamente atlético — escalava montanhas mesmo depois de já ter completado 70 anos. Aos oitenta anos, descobriu um câncer em seu corpo, e todo o seu estômago, e mais uma porção do intestino grosso, foi removido. Niklaus permaneceu animado: "Sabe, agora tenho de aprender a comer de uma forma completamente diferente", maravilhou-se. "Tenho de comer sem estômago. Imagine comer como um pássaro: refeições minúsculas muitas vezes ao dia. Quem poderia imaginar que na minha idade eu aprenderia tudo isso? Sou muito grato por essa nova prática".

"Curiosidade, não críticas", recomendou um amigo. *O que é isso?* em vez de *como isso pôde acontecer?* A vida nos apresenta inúmeras oportunidades para essa prática.

Dia após dia, os pais deste mundo voltam repetidamente — não para a respiração, não para *Mu* nem para a contagem — mas para os filhos, com total atenção e consciência. Tropeçam e escorregam em brinquedos; exclamam *Ai!* quando testam o leite superaquecido; tremem *(Brrrr!)* quando atacados por bolas de neve; soltam um *Ahhh!*, maravilhados quando veem o bebê na portinhola da escada, esperando ansiosamente que eles voltem para casa. E eles têm um insight.

◆ ◆ ◆

Quando a estrada faz ziguezagues, com obstáculos por todos os lados, será que você pode chegar a seu destino? Qual é o seu destino?

Christine: a criança que chama

> Cada um de nós tem sua posição; cada
> um de nós tem seu trabalho.
>
> O grande milagre não é pular da
> cama quando meu filho chama,
>
> Mas me pôr na horizontal na hora de dormir,
> Na vertical quando acordo.

KOAN

Por que você pula no meio da noite quando seu filho chama?

REFLEXÃO

Há tantas coisas que fazemos sem planejar com antecedência; de fato, a grande maioria de nossas ações não requer nenhum pensamento. Se o pé esquerdo avança, o direito provavelmente segue, sem nenhuma consulta entre eles. Se um carro me fecha de repente, meu pé em geral acerta o freio automaticamente. Às vezes chamo essas ações de "moleza" porque não temos de pensar sobre o que fazer. Da mesma forma, nosso sistema digestivo funciona sem darmos ordens. Enquanto escrevo isto, meus dedos sabem exatamente por onde ir no teclado e, quando leio minhas palavras na tela, meu braço direito se mexe, colocando meu cotovelo na mesa. Como é que ele sabe que gosto de encostar a cabeça na palma da mão enquanto leio? Porque é moleza.

Os cientistas dizem que todos esses são comportamentos aprendidos, remontem eles à aula de autoescola de cinquenta anos atrás ou a fragmentos de memória armazenados em nosso DNA há alguns milhões de anos. Mas tudo chega à mesma coisa: a cada momento, a ação está ocorrendo sem uma ordem consciente nem nenhuma tomada de decisão minha.

Então, o que acontece quando seu filho chama de repente no meio da noite? Você provavelmente pula da cama para ver o que há de errado. Não se interrompe para se perguntar se deve fazer isso, se não está cansada demais, ou como vai levantar de manhã para ir trabalhar. Mais tarde, pode sentir sua exaustão e se perguntar como conseguirá atravessar o dia, mas no momento em que ouve aquele grito súbito, pula da cama.

Você faz isso toda vez? Meu marido me chama quando estou no meio de alguma coisa; o cachorro geme pedindo café da manhã quando ainda estou na cama; um amigo me convida para um filme. As situações que me deixam incerta ou relutante são as em que paro para pensar.

Um amigo compara isso a ir à biblioteca. Algumas coisas aprendemos indo à biblioteca, mas muitas outras sabemos fazer por nós mesmos. As perguntas que fazemos ao bibliotecário, ou a nossa consciência, são as que nos deixam confusos. Uma moradora de rua pede uma esmola — o que faço? Meu pai está desenvolvendo Alzheimer enquanto ainda jovem — o que faço? Alguém diz *eu te amo* ou *não te amo mais* — o que faço?

Fazemos parte de um fluxo de chamada-e-resposta. Quando seguimos esse fluxo de maneira natural, suave e desobstruída, não estamos lutando contra nossos pensamentos nem sentimentos, não estamos lutando contra nós mesmos; fazemos apenas o que está a nossa frente sem distração.

Há um koan famoso sobre o vento agitando a flâmula de um templo. Dois monges discutem sobre isso, um dizendo que a flâmula está se movendo e o outro insistindo que é o vento. Passando ali, Huineng, mestre Chan do século VII, diz: "Não é nem o vento nem a flâmula que se move. É sua mente que está se movendo."[16]

A vida se manifesta. O vento faz o que faz, a flâmula faz o que faz, e nossa mente entra em parafuso, fornecendo nomes, rótulos e descrições: o *vento está se movendo!* Não, *a flâmula está se movendo!* — e então a mente começa a discutir consigo mesma.

O que nos confunde? Não as coisas em si mesmas, mas nossos sentimentos, julgamentos e preferências, que inflam como grandes balões e nos levam embora. Quando a mente se acalma, você não vê com mais clareza? O fluxo de atividade não parece natural e orgânico?

Algumas pessoas se contorcem tentando entender tudo, convencidas de que, se pensarem e planejarem o suficiente, as coisas darão certo no final. A vida funciona independentemente. A questão é: onde está *você?* Está vivendo ou discutindo sobre a vida em sua mente?

Quando eu morava num bairro pobre do sudoeste de Yonkers, não podia ir para casa sem que me parassem para pedir dinheiro. A história que ouvia com mais frequência era de que a pessoa precisava de dinheiro para comprar fraldas para o bebê. Eu nunca sabia o que fazer. Havia muitos ingredientes no fogo: ideais de dar livremente, o fato de eu ter pouco dinheiro, raiva de pessoas que, eu tinha certeza, estavam me enganando, consciência da alta taxa de drogas e álcool onde morávamos, e a dificuldade que eu tinha de dizer não.

Um dia subi a colina e, como esperado, uma mulher me parou pedindo dinheiro para comprar fraldas para o bebê. "Vocês todos me contam a mesma história todo dia, não acredito numa palavra que você diz!", falei finalmente. Ela sorriu e lançou-me um olhar atrevido. "Ok, mas você pode me emprestar uma de cinco?"

Olhei diretamente naqueles olhos petulantes e ri. Com apenas algumas palavras, ela me tirara daquele caldeirão de culpa e confusão, trazendo-me direto para aquele momento de encontro, cara a cara.

Não me lembro se lhe dei dinheiro ou não, só que meu riso foi moleza.

◆ ◆ ◆

Por que você se levanta ao som de seu bebê? Por que você vai à porta ao som da campainha? Por que coloca seu casaco no inverno? Por que faz o voto de salvar todos os seres?

Myotai: pequena bodisatva

Uma menina de treze anos prega o Darma
Sem mantos, sinos e reverências.
Seus braços abraçam, seus lábios
se curvam em um sorriso —

Como você responde?

KOAN

Myotai estava dando boa noite à filha de treze anos.

"Hmm, que gostoso", disse Kai. "Você tem cheiro de meditação. Adoro abraço-de-boa-noite depois da meditação com a comunidade."

Myotai perguntou: "Como assim, Kai?"

Kai respondeu: "Bem, primeiro eu gosto de você, mãe, e ao mesmo tempo de todas as pessoas com quem você medita. Seu povo é meu povo. Eles apenas não sabem disso ainda."

Myotai vivenciou uma transformação.

REFLEXÃO

Até onde sua meditação alcança? Quando Kai foi abraçada pela mãe, que acabara de voltar da meditação com seu grupo, sentiu que a meditação é vasta e ampla, sem nada que obstrua seu fluxo. E você? Até onde você se estende?

Em outras palavras, onde desenha seu limite?

Muitas pessoas identificam a própria pele como a fronteira de quem são. Outras criam uma fronteira mental, usando apenas a mente racional e lógica. Outras ainda estabelecem uma fronteira no coração, ao incluir apenas as pessoas que preferem e excluir todas de quem não gostam. Nós nos identificamos com algum tipo de fronteira e, dentro dessa divisa, nos vivenciamos como seres limitados, encouraçando-nos para proteger nossos limites bem estabelecidos de tudo o que está lá fora. As pessoas se referem geralmente a um interior e um exterior, e a maior parte do que está fora da fronteira não é visto como elas mesmas, nem como sendo remotamente relacionado a elas. Dessa forma, o *outro* que *não sou eu* é criado. Ao fazer isso, um sólido senso de *mim, meu* e *eu mesmo* é reforçado.

O que acontece com essa visão quando você vivencia a meditação?

Quando comecei a meditar, comecei a vivenciar a mim mesma não como um ser individual separado e desconectado, mas como parte da grande rede dinâmica de Interser. Limites rigidamente mantidos começaram a dissolver, e meu senso de eu tornou-se mais poroso. Essa rede, que os budistas chamam de Rede de Indra, não tem limite entre dentro e fora — estende-se infinitamente. Cada nó da rede é um ponto de conexão, refletindo e influenciando todos os outros nós.

Feche os olhos por um momento e imagine-se um nó nessa rede sem limites. Sobre esse relacionamento ilimitado de interseção, meu mestre, Bernie Glassman, disse com um sorriso: "Antes, havia a Rede de Indra, ou Indra Net; hoje temos a Internet". É o mesmo princípio. Agora me diga, onde você coloca suas fronteiras?

Por favor, não fique confuso. A natureza essencial sem fronteiras da vida não elimina a necessidade de limites saudáveis nas interações cotidianas. A chave é: será que seu limite afirma a vida ou será que prejudica você, outra pessoa ou um grupo em particular? Para algumas pessoas, cultivar limites saudáveis significa aprender a defini-los; para outras, significa aprender a liberar limites rígidos. Onde quer que você esteja no espectro, na perspectiva essencial não há limites; na perspectiva relacional não há nada além de limites.

Quando Kai foi abraçada pela mãe, sentindo o toque quentinho e familiar de sua pele e inspirando seu cheiro, sentiu-se abraçada por todas as energias das pessoas com quem sua mãe meditara naquela noite. Para Kai, não havia fronteiras: toda a comunidade de meditantes a abraçava. Ela sentiu a natureza ilimitada e todo-impregnante da prática deles. Kai disse que conhecia essa natureza, mas será que os meditantes a conheciam também?

Todas as manhãs, os praticantes do Zen entoam o *Sutra do Coração*, talvez o mais famoso do budismo, que expõe a natureza da realidade. Esse entoar é seguido por uma dedicação que começa: "A natureza-Buda permeia todo o universo existindo aqui, agora". E continua com: "Sempre que essa sagrada invocação é enviada, ela é percebida e sutilmente respondida." Como você ouve essas palavras e vivencia seu significado? Sua própria meditação permeia todo o universo. Todos e tudo estão recebendo e respondendo a ela, estejam eles ou você cientes disso ou não.

Toda a estrutura do eu condicionado, o chamado *eu, meu, mim mesmo,* é questionado quando meditamos. O que é esse chamado eu? Quais são suas fronteiras? Isso dá origem à questão espiritual fundamental: quem sou eu?

Responder a essa pergunta não requer investigações psicológicas ou filosóficas, embora você possa ir lá primeiro. A busca espiritual pode ser adentrada de qualquer direção. Com o tempo, porém, as perguntas básicas da vida espiritual são resolvidas por meio das próprias experiências diretas. E na experiência direta, não há fronteiras, não há limite algum.

Kai recebeu um abraço à noite — inspirando a meditação de sua mãe, expirando a meditação de sua mãe; inspirando a meditação de todo mundo, expirando a meditação de todo mundo; inspirando o universo inteiro, expirando o universo inteiro. Embora você possa pensar que é limitado de alguma forma, tudo está fluindo através deste receptáculo que é você. Você consegue vivenciar isso?

◆ ◆ ◆

Até onde sua meditação se estende? Mostre-me! Se você não é as suas fronteiras, então quem é você? Ao mesmo tempo, quão saudáveis são seus limites?

Martina: monstro horrível

>Há Budas e há seres scientes.
>Há alguma diferença?
>Há monstros e há seres scientes.
>Há alguma diferença?

KOAN

Quem é esse monstro horrível gritando comigo?

REFLEXÃO

Como bem sabem mães e pais esclarecidos, os filhos podem ser monstros. De fato, mesmo com todos os seus brilhantes animadores e sua magia técnica, Hollywood não chegou nem perto de criar os monstros que nossos próprios filhos podem ser. Ninguém nos tira mais do sério, ninguém nos irrita nem machuca mais, e ninguém nos deixa mais enlouquecidos.

O Buda Shakyamuni é retratado com frequência sentado, com um sorriso sereno no rosto. Meu lado judeu tende a suspeitar de pessoas que sorriem o tempo todo. Mas o Buda disse que a vida é sofrimento. Se eu tiver dois filhos pequenos e ambos gritarem por colo, só posso pegar um com meus dois braços. Então um filho será segurado e consolado, o outro provavelmente gritará mais ainda e mais tarde acumulará muitas contas de terapia.

Eu sorrio? Mantenho a equanimidade?

Muitos de nós queremos descobrir o segredo do sorriso do Buda para poder enfrentar qualquer situação e estresse com paz e calma. Muitas vezes, as situações estão bem em nossas casas. Se não sorrimos, se perdemos a compostura, nos sentimos como budistas fracassados.

Os historiadores nos dizem que Shakyamuni não queria nenhuma estátua feita dele e, de fato, nos primeiros dois séculos após sua morte nenhuma foi feita. Só muito mais tarde os artesãos começaram a fazer estátuas de Buda e, como costuma acontecer, construíram-nas como a imagem que tinham dele, ou como sua imaginação do que eles e nós gostaríamos de ser — pessoas serenas o tempo todo.

Será que isso é possível? Geralmente temos dois braços e duas pernas: não o suficiente para cuidar do universo todo; às vezes não o suficiente para acalmar sequer um filho, se estivermos cansados. Às vezes, não parece que sua vida inteira desmorona diante do implacável choro de um monstro?

Você pode reagir com raiva, frustração e acusação, especialmente autoacusação. Em vez disso, será que pode largar essas coisas e testemunhar silenciosamente sua humanidade conjunta: o choro do monstro, o boné engraçado de Pato Donald dele, seu próprio corpo cansado e doendo de sono, o sol brilhando alegremente, a água fervendo na chaleira, todas as vidas e necessidades diferentes empurrando-se umas contra as outras, cruzando-se de forma aparentemente desordenada e até violenta?

Num instante, feras podem se transformar em belas. O inverso também é verdadeiro. O que você faz diante dessa mudança? O que faz com uma sucessão tão rápida de emoções — de afeto à raiva, de fazer beicinho pedindo amor e beijos à ira e indignação — tudo em um curto espaço de tempo?

    Muitos meditantes têm altares numa sala silenciosa ou no canto da casa. Às vezes há uma pequena estátua de Buda no altar, às vezes há flores, velas, pedras ou incenso. Quando há tumulto e perturbação, eles gostam de sentar em frente ao altar, mesmo que por apenas alguns minutos, respirar fundo, recolher suas energias, trazendo-as de volta ao lar.

    Mas você nem sempre pode estar perto de seu altar quando as coisas desmoronam, então o que faz? Você pode prestar atenção à respiração, ao chão sob seus pés, à terra segurando tudo, inclusive você e o Buda que se transformou num monstro. De fato, o quarto ao redor daquele monstrinho torna-se um altar com coisas à mostra: um urso de pelúcia na cama, a camiseta suja do Buda no chão, um celular preso à orelha do Buda.

    Quando você faz isso, algo não começa a bater forte e continuamente por dentro? Não há ninguém para proteger ou reagir, pois essa batida inclui o monstro, você e tudo no universo. Ouvindo-a, você pode determinar o que fazer. Talvez fale de forma suave e reconfortante com o monstro; talvez prepare a comida favorita dele, assista com ele seu programa de televisão preferido, talvez o leve ao shopping.

    E talvez você deixe o monstro em paz. Uma discípula relatou que levou a filha ao dentista. Essas visitas sempre causaram terríveis transtornos para a filha e, no caminho de volta, ela gritava o tempo todo. A poucos quilômetros de casa, a mãe parou o carro em frente a um pequeno parque e saiu. Sentada em uma grande pedra, prestou atenção à respiração, observou os pássaros e sentiu o sol quente nas costas. Quando a gritaria parou no carro, ela voltou e trouxe ambas para casa.

Tempos desafiadores e monstruosos nos convidam a encontrar o caminho de volta ao lar. Que lar é esse? Talvez seja nossa humanidade básica. Algumas pessoas referem-se a ele como natureza-Buda; outras, como bondade básica. Seja uma criança zangada, um chefe mesquinho ou um evento que o abala até o cerne — permaneça lá e esteja totalmente presente.

Quanto mais praticamos isso, menos repulsivo ou assustador o monstro se torna. Nossos limites e sensibilidades, que restringem nossa disposição de abraçar a vida como ela é, tornam-se mais fluidos, permitindo-nos funcionar mais livremente, mesmo no meio de um turbilhão. Com o tempo, surge uma imensa capacidade — não apenas para responder aos gritos do monstro horrível, mas também aos gritos de muitos monstros; de fato, aos gritos do mundo.

◆ ◆ ◆

Onde você irá se refugiar quando o monstro em sua vida começar a gritar com você?

A cegueira de Liz

Verei quando acreditar.

KOAN

Liz foi cega a vida toda e nunca viu o rosto da filha. Um dia, tirou uma foto com o celular, mostrou à filha com visão e perguntou: "Como está?"

A filha respondeu: "Mãe, parece que foi tirada por uma pessoa cega."

Liz respondeu: "Não!"

REFLEXÃO

Há muitas maneiras diferentes de ver, não apenas através de nossos olhos. Liz tentou uma vez ensinar a um jovem como andar sem o uso dos olhos, vendando-os para que andasse no corredor do andar de cima da casa dela pela primeira vez. Logo ele percebeu que, se realmente prestasse atenção, poderia sentir as paredes do corredor; era como se lhe estendessem a mão, disse ele a Liz. Ele começou a andar e não esbarrou em nada.

Dependemos muito de nossos seis sentidos para vivenciar a vida; por esse motivo, Liz costuma ser descrita de forma técnica como *deficiente visual*. Mas não estamos "vendo" pessoas com deficiência porque nos apegamos demasiado à visão, a fim de vivenciar as coisas? Nossos olhos — e os outros sentidos também — são cegos a muitos aspectos da vida. Se você não acredita nisso, observe as pontas das orelhas de seu cão virarem para os lados ao captarem sons que você não consegue captar. Observe as narinas dele, contendo trezentos milhões de receptores olfativos (diferente de nossos seis milhões), tremerem de excitação ao processar informações baseadas em cheiros, que não estão disponíveis para nós, seres humanos.

Dajian Huineng, sexto patriarca chinês, tornou-se iluminado ao ouvir um verso do *Sutra do Diamante:* "Permanecendo em lugar nenhum, desperte a Mente." Para despertá-la, não podemos nos apegar às formas e aparências reveladas por nossos olhos, aos sons que ouvimos por meio dos ouvidos, nem aos cheiros que recebemos pelo nariz. Nossos sentidos não apenas não podem acessar toda a vida, como também contêm filtros que peneiram constantemente todo o material que entra, enviando apenas uma fração dele para o cérebro. Este então faz sua própria seleção com base em critérios numerosos demais para mencionar — antes de começarmos a ter consciência de qualquer coisa.

Como todo o resto, o que vemos, ouvimos, cheiramos, tocamos, provamos e pensamos surge e depois passa. Será que alguma dessas coisas tem realidade permanente por si só? No entanto, não tentamos impiedosamente manipular e controlar nossas vidas, bem como a vida de outras pessoas, de acordo com essa evidência muito limitada de nossos sentidos?

Algumas tradições e culturas têm histórias de milagres que grandes homens e mulheres realizam: levitação, trazer os mortos de volta à vida, a separação de águas, o aparecimento de espíritos e anjos. O milagre que temos no Zen é largar; é a prática de não nos apegarmos a nada, percebendo que o que vemos, ouvimos, cheiramos, tocamos e degustamos é altamente condicionado e muda constantemente, sem nada definitivo e substancial por si só. É quando seguramos com leveza, sendo curiosos e não críticos, que algo novo se abre.

Jacques Lusseyran ficou completamente cego após um acidente aos oito anos de idade e escreveu que só então viu a luz em todos os lugares[17], luz para a qual as pessoas que veem são cegas. Ele se tornou um líder de jovens combatentes da resistência francesa durante a Segunda Guerra Mundial, sendo capaz de manobrar seu caminho pela Paris ocupada pelos nazistas, apoiando-se em instinto, intuição e uma qualidade de visão que escapava aos outros.

Do sublime ao mundano: meu marido era daltônico. Saía do quarto vestindo uma combinação de cores que me fazia rir: calça marrom, camisa verde e suéter roxa, ou camiseta bordô com calças cáqui de safári. Ele sorria encolhendo os ombros: "Elas combinam, certo?" Às vezes voltávamos e escolhíamos coisas diferentes para ele vestir; às vezes, não. De qualquer forma, meu senso de *combinação* ficou muito mais amplo graças a seu daltonismo.

Quando você não pode ver, tudo combina perfeitamente.

◆ ◆ ◆

O que você vê quando não pode ver? O que ouve quando não pode ouvir? Quando a catarata tira sua visão, você é menos inteira do que era antes?

Esther: eu, minha filha e cinco homens

Homens, mulheres, filhos, filhas, irmãos, irmãs —
Diga-me, a quem pertence o Darma?
Se você diz que o Eu Verdadeiro
não é homem nem mulher,

O que fará em sua noite de lua de mel?

KOAN

Esther e sua filha eram duas mulheres vivendo com cinco homens: o marido de Esther e quatro filhos. Ela perguntou: *Como posso ouvir a voz de minha filha entre cinco homens?*

REFLEXÃO

Às vezes as pessoas escrevem que o gênero não tem lugar no Zen, que é um construto artificial numa prática que nos exorta a perceber a ausência de um eu individual separado. Se não existe algo como um eu separado, o que é essa coisa chamada *homem* e *mulher, masculino* e *feminino*?

Não sou um eu separado e, ao mesmo tempo, sou diferente. Então como você honra a voz individual de cada membro da família? Como ouve o suave e o barulhento, o tímido e o ousado, o quieto e o ruidoso? Como você respeita as diferentes personalidades de meninos e meninas sem cair em estereótipos, sem ditar preferências?

Não temos todos nossas preferências pessoais? Nossa sociedade tem preferências também: pelos prósperos sobre os pobres, os brancos sobre os de outra cor, os jovens sobre os idosos, os homens sobre as mulheres. Todos são iguais em suas diferenças. Intuitivamente pensamos que nossa igualdade está em nossa unidade, mas na verdade está em nossas diferenças, no sentido de que nenhuma "diferença" única é maior, mais importante ou de valor superior a qualquer outra diferença, exceto segundo a preferência de alguém.

Será que é fácil criar uma filha em nossa sociedade? Será que é fácil ler que milhões de fetos femininos foram abortados na Ásia, e milhões de meninas em todos os lugares são deixadas analfabetas, sem instrução, sem alimentação e cuidados por serem meninas? Minha mãe lembrava que em sua família grande e pobre, na Europa Oriental, as meninas ajudavam a mãe a preparar a comida e depois viam os meninos entrar e comer. Elas não comiam até os meninos terminarem, por isso só comiam o que sobrava. Por muitos anos, ela não gostava de mulheres, chamando-as de fracas e covardes, e preferindo a companhia de homens; desejava ser um dos fortes, dos barulhentos, dos que podiam comer primeiro.

Como você ouve a voz de sua filha sem sucumbir a estereótipos, sem esperar que a voz dela seja mais suave que a dos irmãos — mais hesitante e submissa? Será que ela pode ser tão barulhenta quanto eles, tão estrondosa e assertiva? Quanto tempo vai demorar antes de alguém — em casa, na escola, um vizinho ou amigo — finalmente dizer a ela que meninas não se comportam assim?

A liberdade surge da percepção de que cada coisa tem seu lugar e sua posição, de que cada pessoa e coisa é o

Corpo Uno — homens, mulheres, jovens, velhos, pretos, brancos, plantas, animais, seres sencientes e insencientes. Por essa razão, nossa prática é deixar de lado todos os rótulos e retornar repetidamente à pergunta: quem sou eu? As respostas vêm imediatamente: mulher, professora, escritora, a que faz o jantar, a que anda com o cachorro, a filha que fala com a mãe por telefone. Mas todas essas coisas podem mudar, então quem é você realmente?

A prática é residir nessa pergunta e não no rótulo.

Depois de ver que o Corpo Uno se expressa igualmente em todas as diferentes formas de vida, será que honrar uma forma sobre outra não é entender errado? Se esse Corpo Uno inclui tudo sem exceção, como você pode questionar o valor ou macular qualquer de suas expressões?

No entanto, levou anos para descobrirmos os nomes das monjas e mestras budistas que ensinaram o precioso Darma desde os tempos de Shakyamuni. Os nomes dos mestres masculinos foram entoados desde o início, mas apenas recentemente alguns de nós adicionaram os nomes das mestras também. A maioria dos nomes das mestras desapareceram no pó da História e, por esse motivo, ao dedicar a elas nossas orações e cânticos, invocamos *todas as Honradas Mulheres cujos nomes foram esquecidos ou não pronunciados.*

A consciência de como os outros nos discriminam ou menosprezam devido a nosso gênero, cor ou religião, ajuda-nos a responder apropriadamente. Mas ficar ressentido e reagir com arrogância mostra meu apego ao rótulo. Isso fornecerá provavelmente uma resposta temporária à questão de quem eu sou, mas não me ajudará a sentar no espaço do não-saber.

Sua verdadeira natureza tem algo a ver com rótulos ou descrições?

Meu marido teve um derrame grave que paralisou metade de seu corpo. Ficou bastante deficiente, mesmo após dois anos de terapia e exercícios, e ainda neste período ter que lidar com um câncer não ajudou. As pessoas o chamavam de vítima de derrame ou sobrevivente de derrame, mas é isso o que ele era?

Certa vez, estávamos sendo entrevistados para um filme sobre o Zen e a criação da paz. Ele encarou diretamente o entrevistador com duas ataduras no nariz e na testa, da cirurgia e radiação do câncer, metade do rosto inchado, preto e azul em função de uma queda feia na noite anterior, e pontos em sua têmpora prendendo um corte profundo e doloroso. Estava cansado e abatido naquele dia, com os olhos mais escuros do que antes, mas ainda contendo a centelha antiga, e falou devagar, com esforço:

"Tínhamos em nossa casa um grande vaso de vidro. Um dia ele quebrou em muitos pedaços. Diga-me, estava inteiro então e agora está quebrado? Era inteiro quando estava inteiro e é inteiro quando está em mil pedaços. De fato, cada pequeno fragmento é o todo." Pensou por um minuto e continuou: "Dois anos atrás tive um derrame grave. Qualquer pessoa que me visse antes do AVC teria dito que eu estava inteiro. Agora, dois anos após o derrame e com câncer, diga-me, sou menos inteiro?"

Inteiro — e diferente. Todos nós somos manifestações iguais e diferentes desta grande vida. Quando estou ciente disso, será que posso "ouvir" a borboleta tão profundamente quanto ouço outro ser humano? Posso testemunhar os aguilhões afiados dos porcos-espinhos, o deslizar das cobras, as pilhas grandes e fedorentas deixadas pelos cavalos? Será que posso testemunhar igualmente meninos e meninas, mulheres e homens, honrando cada um e cada uma pela diferença entre eles e elas — sua singularidade?

◆ ◆ ◆

Observe atentamente qualquer coisa: uma caneta, uma árvore, uma garrafa de água, sua criança. Descreva-a em sua mente. Agora olhe novamente, largando as palavras e rótulos que você criou antes. Diga-me, o que resta?

Walter: sem etiquetas

> Eu sou o pai preocupado.
> Eu sou a família intolerante.
> Eu sou o adolescente renegado.
> Eu sou quem ama a quem amo.
> Diga-me, quais são seus nomes verdadeiros?

KOAN

A filha adolescente de Walter era lésbica. Quando a namorada dela foi expulsa de casa pelos pais, Walter e sua esposa a acolheram, até que encontrassem outro membro da família com quem ela pudesse morar Era um momento complexo em que ambas as famílias tinham de encarar muitas verdades sobre si mesmas e sobre suas filhas.

Depois que a namorada foi realojada com segurança, Walter e sua esposa disseram à filha: "Você tem todo nosso apoio e amor como lésbica".

A filha deles respondeu: "Não preciso de rótulos. Eu amo quem eu amo".

Walter percebeu a limitação de seus pontos de vista.

REFLEXÃO

Me chame como quiser, não sou eu.

Os rótulos têm seus usos e aplicações, mas apresentam um problema para aqueles que procuram ver além deles até a essência das coisas. Quando você coloca um rótulo em alguém, tal como *lésbica, asiática,* ou *gordo,* a imagem da pessoa se torna estática, fixa em sua mente como conceito ou ideia, em vez da pessoa totalmente viva e em constante mudança a sua frente. Os conceitos sobre uma pessoa impedem você de ver e vivenciar a profundidade e singularidade da própria pessoa.

O mesmo também ocorre quando você aplica um nome ou rótulo a si próprio. Por muitos anos, me chamavam Wendy. Depois que recebi meu nome espiritual, passei a ser chamada Egyoku. Após muitos anos como Egyoku, perguntei-me: "O que aconteceu com a Wendy? Aonde ela foi?" Então juntei Wendy e Egyoku. Eu mesma havia me identificado com esses nomes de maneiras diferentes. Independentemente de quem esses nomes representam, o fato é que eu sou *assim*.

Quem é você? Isso nos leva de volta à mesma pergunta fundamental: quem sou eu?

A filha adolescente de Walter sabia que não era um rótulo. Sabia que *lésbica* significava coisas diferentes para pessoas diferentes e para a sociedade também, e não conseguia se localizar nesses significados. Lembro-me de uma história contada pelo mestre Chan, Sheng Yen, que liderava um retiro e reconheceu que um dos alunos estava perto de um insight. Então perguntou-lhe: "Qual é o seu nome?" O aluno respondeu: "Ch'en". O Mestre Sheng Yen disse: "Está errado. Ch'en está ali!" E apontou para o cartão de identificação colado na parede acima de sua almofada. Ch'en disse: "O que estou fazendo ali?" Ch'en estava perdido em seu nome.[18]

Será que você se identifica com seu nome a ponto de achar que ele é quem você é? Será que identifica outra pessoa com uma ideia que impede de ver a totalidade dela?

Walter ficou surpreso quando a filha adolescente se apaixonou por outra garota, mas apoiou sua escolha. A família da namorada da filha, inflexivelmente oposta, expulsou-a de casa, e ela procurou refúgio na casa de Walter. Já que era menor de idade, ele e sua esposa tentaram encontrar um parente dela para acolhê-la. Quando tudo estava por fim resolvido, os dois pais conversaram com a filha, reconhecendo a escolha dela e expressando seu apoio inequívoco.

"Não preciso de rótulos", respondeu a filha.

Ela revelou uma sabedoria maravilhosa: eu não sou um rótulo. Não sou sua ideia de uma lésbica; não sou nem mesmo minha ideia de uma lésbica. Não sou sua ideia de "minha filha adolescente"; na verdade, não sou sua ideia de nada. O que você faz quando recebe um ensinamento tão poderoso?

Walter compreendeu de imediato que restrições ele havia imposto a sua filha e a si mesmo. Sua filha adolescente tornou-se uma professora para ele, que prometeu deixar de lado as ideias sobre quem ela era e não era, e abriu-se de boa vontade para conhecer novamente o ser diante de si. Reconheceu sua necessidade de protegê-la, percebendo ao mesmo tempo que seu profundo amor seria mais bem expresso pelo abandono de suas ideias sobre quem ela era.

"Eu amo quem eu amo", disse ela.

A história da humanidade até hoje transborda de histórias daqueles que amavam quem amavam e foram punidos por isso. Os seres humanos sempre tentaram manipular, controlar e tornar o amor previsível. De fato, *amor* é talvez o maior rótulo de todos.

Imagine alguém que você conhece. Como você vê essa pessoa além dos nomes e rótulos que atribui a ele ou ela? O poeta sufi, Rumi, disse: "Fora, além das ideias de errado e certo, existe um campo. Encontro você lá." Conheça a pessoa que você está imaginando — um colega de trabalho, um ente querido, a pessoa com quem você divide apartamento — no lugar além do saber e além do não-saber. Onde é esse lugar? Quem você vê?

◆ ◆ ◆

Diga-me, quais são seus nomes verdadeiros?

Deb: cólica

> A gaivota não sabe que está voando
> para o sul no outono;
>
> A raposa perseguindo um esquilo na
> neve nem sabe que está faminta.
>
> Se eles não sabem o que estão fazendo,
> como podem fazer tanto?

KOAN

A aluna abordou o professor com urgência. "Meu bebê teve cólica por cinco dias!"

"Meu bebê teve cólica por dez dias", disse o professor.

"Eu não sei o que fazer", gemeu a aluna.

"Eu descobri exatamente o que fazer", disse o professor.

"Rápido!", implorou a aluna. "Diga-me o que você fez!"

"Perguntei ao Mestre", respondeu o professor.

REFLEXÃO

Quem é o Mestre?

Não é interessante quantas vezes queremos que alguém ou algo esteja no comando e nos diga o que fazer? Quantas vezes desconfiamos do desdobramento de nossa própria vida e depositamos mais confiança na experiência de outra pessoa? E se não é uma pessoa a quem nos dirigimos por respostas, é outra coisa: jogamos o I-Ching, compramos o livro mais recente de autoajuda e até voltamos repetidamente a um conjunto de princípios ou a um corpo de conhecimento que usamos no passado *(funcionou até agora!)*.

Às vezes nos refugiamos em nosso cérebro: *vou pensar, vou analisar, vou descobrir*. Mas como disse o contemplativo católico, Richard Rohr: "Nós não nos pensamos em uma nova maneira de viver; nós nos vivemos a uma nova maneira de pensar."[19] Estar bem aqui momento a momento, sem noções preconcebidas do passado nem expectativas do futuro — esse modo mais íntimo de ser — é o que nos informa o que fazer.

Mas queremos acertar, não é? Tudo o que precisamos é encontrar o texto, modelo, ensino ou vídeo do YouTube certo, e saberemos o que fazer da vida. Ou ao menos das crianças.

Testemunhar, por outro lado, pode ser cheio de tentativas e erros, de testar isso e aquilo, de esforços tortuosos que com frequência não dão o resultado que desejávamos, mas uma coisa completamente diferente. Há algo de perfeito nisso?

É claro que faz muito sentido pedir conselho e ajuda ao criar qualquer criança; pais têm feito isso desde o início dos tempos. Mas cuidar de um bebê com cólica é uma prática poderosa de encontrar o aqui e agora sem resolução à vista. A maioria dos bebês choram porque querem algo: comida, bebida, colo, dormir. Um bebê com cólica chora sem motivo aparente; trocar a fralda ou alimentá-lo não vai ajudar. O sofrimento é óbvio e intenso, mas em geral há muito pouco que se possa fazer para estancar o choro. Nossa mente, claro, anda de um lado a outro, tentando encontrar algo que possa ser feito: chamamos nossos amigos, mães, médicos; lemos livros, rezamos — e o bebê continua chorando.

Não-saber não significa que eu não sei o que fazer. Não está aí presente o eu, ainda? Ouça-o: mas eu deveria saber o que fazer, não sou uma boa mãe, estou exausta após cinco noites sem dormir, eu me odeio, gostaria que isso acabasse! Não-saber é abandonar respostas e resoluções, e abrir-se incondicionalmente ao momento.

Neste instante, isso significa abrir-se a um bebê aos prantos que pode continuar chorando por um longo tempo. Quando não há nada a fazer, o que você faz?

Ao longo de sua vida, será que você não se viu em situações onde está perdido, onde seus esforços e trabalho duro não aparecem nos resultados? Uma boa amiga falou sobre criar um filho com doença mental. Ela e o marido tentaram diferentes tipos de escolas e diferentes médicos e terapeutas, leram todos os livros e artigos, conversaram com outros pais e amigos, fizeram tudo o que podiam pensar e, muitas vezes, pareciam ter chegado a um beco sem saída, e parecia que nada fizera muita diferença. Aqueles eram tempos escuros e claros, disse ela. Via como a vida podia se desenrolar independentemente de seus desejos e medos mais profundos, além de suas capacidades e compreensão — uma vida insondável. Demorou muitos anos, mas finalmente, em vez de se sentir perdida ou confusa, ela encontrou certa paz e até confiança.

Você se lembra de respirar enquanto segura o bebê? Consegue sentir o calor das roupas dele? Pode ainda sentir o cheiro doce da pele dele? Consegue perceber o quanto você está ansiosa como mãe? Percebe como você deseja que certos momentos terminem ou sejam diferentes do que são? Percebe o quanto quer consertar as coisas?

Lentamente você deixa de lado tudo isso e presta simples testemunho: ao choro do bebê, seu medo nervoso, sua exaustão e também, talvez, as vibrações profundas do amor e compaixão que surgem, mesmo quando — ou especialmente quando — você não sabe o que fazer.

◆ ◆ ◆

O que você faz quando se sente impotente? Como se sente em seu corpo? Você consegue ouvir as acusações e censuras em sua mente? Pode largá-las e testemunhar?

Barbara: o que é melhor?

– Estou saindo de casa.
– Bati nele porque ele me xingou.
– Estou muito gordo, então parei de comer.
– Quero sair da escola e fumar maconha.
Se você sabe o que fazer, você cai.
Se não consegue decidir, também cai.
Se fica acordada à noite olhando
para o teto, como isso ajuda?

KOAN

Como mãe, Barbara costumava tomar decisões por seus filhos: quando estariam prontos para o jardim de infância? Qual escola seria melhor para eles? Até que horas eles podiam ficar fora de casa na adolescência? Um deles costumava se comportar de maneira diferente dos outros: resistia a ir ao jardim de infância, fazia muito barulho na escola, era demasiado quieto em casa etc. Muitas vezes professores, familiares e amigos tinham opiniões claras sobre o que fazer, enquanto Barbara e seu marido sentiam que não sabiam.

Ela manteve o mesmo koan por muitos e muitos anos: o que é melhor para você, meu filho?

REFLEXÃO

Quantas noites sem dormir você passa quando seu filho não segue as regras? Quantas discussões você tem com seu marido ou esposa sobre seus filhos? Quantas conversas preocupadas tem com professores e orientadores? Quantas exortações, apelos ao bom senso e promessas de castigo ou recompensa você faz até finalmente despencar em exaustão numa cadeira, fitar o espaço sideral e imaginar se há algo mais difícil do que ser pai ou mãe?

Não deveríamos ser um pouco mais desapegados? Muitas pessoas pensam que é disso que se trata o budismo: uma maneira de tornar as coisas arrumadas, calmas e claras. Mas será que a clareza surge da busca de uma solução ótima e perfeita ou de deixar de lado a ilusão de que tal coisa existe?

Retornar a um estado de não-saber convoca você a abandonar hábitos e preocupações autocentrados, tais como: *será que eu sou uma mãe boa o suficiente? Será que sou muito rigorosa ou muito frouxa? Por que ele não faz o que digo?*

Podemos ficar tensos, ansiosos e zangados, ou podemos fazer coisas mais viáveis. Observamos profundamente nossos hábitos arraigados e crenças firmemente mantidas, tais como sempre ter a casa limpa, sempre servir uma refeição saudável, estar sempre disponível, perfeita e no controle. Soltando, abrimos a mão que agarra a idealização da filha ou do filho perfeito e da mãe ou do pai perfeito.

Ainda menos úteis são as comparações: *ele não é como os outros, ela está nos 40% inferiores, ele não participa o suficiente, ela tem déficit de atenção* etc. Generalizações baseadas em dados podem ter algum valor, mas com frequência não têm nada a ver com a singularidade do seu filho ou filha. *Ela não é como as outras do quarteirão.* Não apenas ela não é como as outras, não é sequer do jeito que era um minuto atrás. Será que você pode testemunhar a individualidade dela e perguntar como ela poderia florescer em sua própria plenitude? Como ela ou ele pode se tornar exatamente quem é?

Quão intimamente sintonizado você está com os aspectos únicos e distintos de seu filho? Para desenvolver essa sintonização, você pode ter que abandonar comparações e conselhos de outras pessoas. Há interesses pessoais que você está tentando contemplar aqui? Há alguma ambição ou visão própria que deseja realizar? Você pode dar um passo atrás em tudo isso e perguntar: o que é melhor para você neste momento, meu filho? Quando a resposta vier, segure-a com leveza e faça a mesma pergunta no dia seguinte, abrindo-se para uma nova resposta repetidamente.

Julgar, comparar, medir, testar e avaliar podem ser úteis em determinados momentos. Mas quando eles tomam todo o oxigênio na sala e encolhem a vida a uma fórmula estatística, perdemos a visão e confiança em nossos filhos e em nós mesmos. Abandonar essa delusão de perícia e conhecimento perfeito não é apenas um grande alívio, mas também nos ajuda a voltar ao não-saber.

Sente-se por cinco minutos e respire. Sua vida é desafiadora e ao mesmo tempo viável. A vida de seu filho ou filha também é viável. Testemunhe cuidadosamente sua fluidez, individualidade, suas reviravoltas inesperadas. Em vez de tentar tornar essa vida perfeita, basta perguntar-se repetidamente: quem é você, meu filho? O que é melhor para você?

◆ ◆ ◆

Quando você deixa de lado a certeza e a perfeição, o que resta? Como você sente quando diz a si mesma que não sabe o que fazer? Consegue sorrir quando diz isso?

Judith: vigília

No final, após muitos anos,
Ela parte por mar.
Eu mantenho vigia na praia
Embora nada de mais aconteça.

KOAN

É tão tarde da noite; por que ela ainda não está em casa? Estou tentando esmagar os pensamentos de pânico e náusea crescentes. É sexo? São drogas? Será que ela foi derrubada da bicicleta e levada para o hospital? Foi sequestrada pelo comércio sexual do Oriente para nunca mais ser encontrada? Isso é o inferno!
　Por que ela ainda não está em casa?

REFLEXÃO

São 2 horas da manhã, 3, 4, 5. O Sol começa a nascer. Agora são 6 da manhã, e ela ainda não chegou.
　Resta algo a ser feito? Você fez tudo o que pôde para proteger seus filhos, alimentou-os, abrigou-os e preparou-os para o mundo. E basta uma noite em que se atrasam na volta para casa para fazer você perceber que não é suficiente, que nunca será suficiente. Neste caso, mesmo sendo a filha adulta e na profissão de artes cênicas, que exige estar fora até tarde na maioria das noites, o velho medo torturante ainda está lá: *ela ainda não está em casa.*

Esses são os momentos, dizem, em que as pessoas sentem gratidão especial por sua prática de meditação: os momentos em que o mundo parece um filme de terror, monstros em emboscada e catástrofe ao virar a esquina. Alguns anos atrás, uma mãe novata me disse que, noite após noite, tinha pesadelos sobre o que poderia acontecer ao filho: ele estará num acidente de avião, vai se afogar no mar, estará num trem que descarrila. "Você não imaginaria que ele tem apenas dois anos", suspirou o marido.

Quando os filhos estavam em sua barriga, parecia que tudo dependia de você. Uma vez cortado o cordão umbilical, o bem-estar dos bebês também depende de outras pessoas, inclusive de estranhos. Quando eles crescem, o mundo se abre para recebê-los, eles saem de casa e vão para longe; dia após dia, você é menos capaz de protegê-los, até que finalmente deve deixá-los por completo.

Isso é na melhor das situações. Às vezes, pais perdem filhos em tenra idade. Uma mulher perdeu a filha num acidente na estrada, justo quando a jovem iniciava uma nova carreira e vivia um relacionamento amoroso. Ao longo de vários anos, ela refez os passos da filha, indo para lugares que a filha havia visitado, sentindo-se, contou-me, como a deusa Deméter em busca da filha Perséfone no mundo subterrâneo. Mas mesmo a deusa só pôde salvar sua filha de Hades por seis meses a cada ano, antes que ela retornasse à Terra dos Mortos.

Esse tipo de tragédia é penoso o suficiente, mas como podemos praticar mesmo no curso natural de eventos, que levará nosso caminho a se separar do caminho dos nossos filhos? Será que você pode praticar esta noite, quando ela não está em casa a tempo ou quando ele não responde ao telefone? Sempre que a ansiedade se manifestar — uma sensação de aperto na barriga, constrição nos pulmões e vozes na mente que bradam desgraça —, volte ao básico, concentrando a atenção na respiração. Mergulhar na inspiração e na expiração coloca você em contato com os ritmos naturais da vida e a essência de todas as coisas que é espaço — espaço vasto o suficiente para conter até as mentes mais tempestuosas. Quando você respira profundamente, vivencia a si mesmo como aquele vasto espaço, com a vida inspirando e expirando através de você.

Um verso no Sutra do Coração reza: "Assim, os Bodisatvas vivem esse Prajna Paramita sem impedimento na mente. Sem impedimento, portanto, sem medo". Os impedimentos na mente surgem do apego. A quem você se sente mais apegado do que a seus filhos? Não é o laço mais poderoso que existe? Tanto de maneiras sutis quanto grosseiras, um estado de espírito amoroso pode congelar em ressentimento e coalhar em obsessão e medo. É quando até o maior amor deste mundo torna-se uma prisão, tanto para a pessoa que amamos quanto para nós.

É esse o resultado natural do amor? Como posso experimentar a vida como ela é — ilimitada e inconcebível — sem medo? O medo se estende ao futuro, evocando cenários assustadores do que pode acontecer no próximo momento, na próxima hora, no próximo dia. Você pode abandonar esses cenários, retornando a este momento, a esta respiração, a este ser humano agora.

E às vezes não conseguimos fazê-lo. Quando os mesmos pesadelos voltam repetidamente, não importa o quanto tentemos, pode ser melhor fazer algo completamente diferente. Crie uma cerimônia, declare em voz alta seus desejos, use sua voz em vez de ficar em silêncio: *que meu filho esteja seguro*. Acenda um palito de incenso, prostre-se no chão, envolva todo o seu corpo.

No Zen, tratamos o corpo-mente como uma entidade. Mover seu corpo cria mais fluidez na mente; caminhar na floresta melhora o funcionamento e a conectividade das células cerebrais. Algumas pessoas limpam a casa de alto a baixo quando estão ansiosas. Enquanto mergulham em tirar o pó, lavar e aspirar, sua mente se aclara. Ou então elas cuidam do jardim, revolvendo o solo ou capinando atentamente.

O arco da vida está além de nosso entendimento, mas quando me refugio neste momento, experimento uma inteligência profunda funcionando em todos os lugares. Se tudo o que podemos ouvir por dentro é a voz do medo e do desespero, permanecemos cativos de uma versão pequena, constritiva e egocêntrica da vida. Quando lembramos e praticamos a respiração do universo, as janelas se abrem para um horizonte sem limites.

◆ ◆ ◆

Você consegue "sentar" com seu medo? Se não, será que pode andar ou limpar a casa com ele, ou tocar o medo num instrumento musical? Quando você sente o universo encolhendo rapidamente a seu redor, onde você encontra seu espaço para respirar?

Jinen: os dentes de Daniel

Rachaduras não são o
que dizem que elas são.

KOAN

O filho de Jinen, Daniel, cresceu com deficiências. Como resultado, embora ainda seja jovem, seu corpo começou a se deteriorar. Como ele não escova os dentes, eles quebram e caem. Jinen faz sugestões, mas Daniel não as segue. Houve muitos momentos dolorosos como esses ao longo de vários anos.

Os dentes de Daniel continuam se deteriorando e quebrando. Mas, diga-me, houve alguma vez uma rachadura?

REFLEXÃO

Que fantasias e desejos você tem para seus filhos? Boa educação, saúde, amor, uma família própria, uma vida própria? Algumas das coisas que você espera vão acontecer, outras não. Alguns filhos não conseguem manter empregos, alguns não conseguem manter a saúde, alguns nunca se casam ou têm filhos, alguns nunca saem de casa. Alguns têm uma higiene pessoal inadequada, resultando em dentes que amarelam e caem, e um corpo que se decompõe ainda jovem.

Ernest Hemingway escreveu: "O mundo quebra a todos, e depois muitos são fortes nos pontos quebrados."[20] Coisas racham o tempo todo — não apenas dentes, mas relacionamentos, carreiras, famílias, saúde, férias em grupo. Ao mesmo tempo, há uma promessa: *muitos são fortes nos pontos quebrados.*

O que significa ser quebrado? O que significa ser rachado? Não temos todos rachaduras em algum lugar — em nossos dentes, em nossa mente, em nossa vida? Podemos dizer que as rachaduras de Daniel são normais para ele. Podemos ir além e dizer que as rachaduras de Daniel são suas joias.

Tenho um medo terrível de tempestades. No momento em que um relâmpago caía perto de casa, meu marido me dirigia um olhar alerta e perceptivo. Ao reconhecer minha crescente ansiedade, ele também reconhecia minhas rachaduras — a mistura única de qualidades que ele considerava como "sua esposa". O Zen Peacemakers diz que seu trabalho ocorre nas rachaduras: esses lugares que tentamos pular, ignorar ou evitar.

Girassóis crescem nas fendas, e nós também.

As áreas de dor mais profunda, muitas vezes conectadas a nossos filhos, são precisamente aquelas às quais devemos prestar a atenção mais penetrante. A lacuna entre a vida como ela é e a vida como gostaríamos que fosse é a mais difícil: o universo desenrolando-se segundo suas próprias leis cármicas, em oposição a nossos desejos mais acalentados. Nessa lacuna há uma sensação de crueza, como se vendas caíssem de nossos olhos. Ideias, planos, suposições e sonhos de futuro — todos caíram por terra, dentro das rachaduras. Ao trabalhar com as rachaduras de seu filho, as rachaduras de Jinen aparecem também — um campo maduro para prática.

Por centenas de anos, mestres Zen chineses e japoneses batiam ou gritavam com seus alunos, num esforço para pegá-los de surpresa e romper o véu conceitual e autocentrado que faz parte de nosso traje humano. O que estavam tentando fazer, se não nos quebrar para abrir? A vida com crianças pode fazer isso conosco também. E mesmo enquanto lamentamos e pranteamos por um senso perdido de normalidade (que geralmente é sinônimo de como pensamos que as coisas deveriam ser), podemos aprender a apreciar essas rachaduras abertas que exigem nossa atenção e criatividade, exigem que improvisemos momento a momento.

O refúgio que chamamos de *este exato momento* é o lugar onde vivenciamos a unidade de toda a vida, incluindo juventude, luz solar, primavera, câncer, esqualidez e boca sem dentes. Inclui o Daniel e o profundo amor de sua mãe por ele, junto com sua frustração, aborrecimento e decepção.

Como você testemunha esse nível de plenitude? Não negando o pesar, mas estando presente. Testemunhe, sinta a dor de seu filho, ouça suas réplicas teimosas, veja o sorriso e a rejeição. Não se feche a nada. Será que consegue ver que, mesmo quando seu filho está doente, os pássaros ainda voam para os comedouros; o sol brilha, seguido por uma caravana de nuvens e depois brilha novamente; carros apressam-se a seus destinos; e casais se apaixonam e se beijam em bancos de parque?

◆ ◆ ◆

O que é uma vida "normal" para você ou seus filhos? Quando a vida muda, existe um novo "normal"? O que acontece com ele?

NO TRABALHO

Andrea: nada

Não fazer nada é o grande trabalho.
Fazer algo não é grande coisa.

KOAN

Andrea queria fazer algum trabalho para beneficiar refugiados na cidade alemã onde morava. Não recebeu muito apoio, mas tinha a profunda convicção de que esse era o momento certo e o lugar certo para começar — mas o quê? Escutando profunda e completamente, ouviu seu coração dizer: *Mach' was draus! Faça algo disso.*

Ela agora ensina alemão como língua estrangeira para refugiados de todo o mundo na cidade de Würzburg, onde mora. E diz que aprendeu o seguinte: *Da ist nichts — mach' was draus! Não há nada — faça algo disso!*

REFLEXÃO

Será que não existe diferença entre acordar de manhã sabendo exatamente o que fazer e acordar para enfrentar um dia completamente aberto: sem horários, sem compromissos, sem requisitos? É quando percebemos o quanto nos identificamos com o que fazemos: um gerente ocupado, uma mãe de quatro filhos, uma consultora de TI, um professor universitário, uma artista. Para muitos de nós, somos o que fazemos, não é? Por mais que reclamemos da azáfama de nossas vidas, isso nos dá um senso de estabilidade e integração, nos dá um plano.

Mas é o não-saber que é infinitamente mais interessante, lar de criatividade, magia e potencial. Se houver uma coisa na programação do dia, geralmente nos fixamos nela do mesmo modo que nos fixamos num ponto numa página em branco. Nossos olhos são automaticamente atraídos para o ponto e perdemos o espaço maior em volta. Mas, quando não há nada, pode haver tudo.

Dizemos que a razão pela qual fazemos qualquer coisa — escrever um livro, ajudar refugiados, construir uma casa — é porque queremos fazê-lo. Mas será que a razão pela qual fazemos algo não é, como Andrea colocou: *não há nada – faça algo disso*? O nada se manifesta como algo o tempo todo, de acordo com as condições cármicas.

Xuefeng, mestre Chan do século IX, disse: "Se você estabelece um único átomo de poeira, a nação floresce; se você não estabelece um único átomo de poeira, a nação perece."[21] Tomar a iniciativa, criar ou construir qualquer coisa, engendra uma cadeia de eventos sobre a qual você tem muito pouco controle. Coisas boas acontecem, coisas ruins acontecem. Se você não fizer nada, nem essas coisas boas nem as ruins vão acontecer, mas é realmente disso que se trata a vida?

Algumas das coisas mais emocionantes de minha vida aconteceram quando de repente declarei que faria algo sem premeditação. Este livro surgiu quando eu estava no zendo ouvindo as pessoas descreverem situações domésticas que as mergulharam no não-saber e, sem pensar, eu disse em voz alta: "vamos montar um livro sobre koans da pessoa comum".

Bernie Glassman fundou a Mandala Greyston para servir a área pobre do sudoeste de Yonkers, no estado de Nova York. Uma noite, no auge da epidemia de AIDS, ele assistiu a uma apresentação sobre HIV. Ao ouvir que em toda a cidade de Yonkers não havia nenhuma moradia para pessoas com HIV, disse sem pensar: "Greyston fará isso." Quando seu próprio conselho administrativo recusou o projeto, ele iniciou uma nova organização para construir essa habitação. Sete anos e dez milhões de dólares depois, Greyston abriu os primeiros apartamentos da cidade para pessoas com HIV, e um dos primeiros abrigos diurnos no país a oferecer terapias alternativas para pessoas com AIDS.

Olhando para trás em sua própria vida, será que você não aprendeu a confiar nessa explosão de espontaneidade, quando se surpreende dizendo: "Vou fazer isso"? A resposta não sai de planos nem estratégias, parece surgir de lugar nenhum, do nada.

"Eu adoraria viver como um rio que flui, transportado pela surpresa de seu próprio desenrolar", escreveu o poeta e filósofo John O'Donohue.[22]

Esmagadas pelo sofrimento do mundo — racismo, refugiados, falta de assistência médica, mudanças climáticas, desaparecimento de espécies —, muitas pessoas dizem que não têm ideia de por onde começar. Há muito que precisa ser feito e, como Andrea, elas querem fazer algo, mas o quê? Você é uma delas? Você se retira numa espécie de caverna pessoal, com uma grande tela de televisão, sentindo como se tivesse falhado sem sequer tentar? "Quero fazer muito e, em vez disso, estou me afogando", disse um aluno.

Se você começa com o não-saber, não precisa saber nada antes do tempo. Não é um alívio? Escolha qualquer situação — crianças necessitadas, famílias carentes de alimento nutritivo ou abrigo adequado, mudança política — e abandone suas ideias e opiniões fixas sobre ela. Você pode saber quão fixas são, e quão apegado você está a elas, pela forte emoção de raiva, ressentimento ou frustração que muitas vezes está ali. Você sabe que começou a abandonar quando experimenta mais calma e confiança por dentro.

Agora observe e ouça profundamente; o que fazer começa a emergir por si próprio. Talvez seja uma grande ideia criativa, talvez organizar e coordenar serviços entre diferentes grupos, talvez voltar à escola para adquirir mais habilidades e conhecimentos. E talvez seja algo pequeno, direcionado e viável, que combina bem com outros aspectos de sua vida.

Em vez de ficar na sua cabeça, exponha-se. Dê uma carona ao trabalho a trabalhadores ilegais, brinque com crianças em creches. Seu forte desejo de cumprir seus votos de Bodisatva cria um terreno muito fértil; não o subestime. Estabeleça aquele único átomo de poeira. É um momento criativo, não o sufoque demais, pensando e calculando. Faça algo pequeno que esteja bem na sua frente. Faça seu corpo-mente se mexer, pois isso gerará energia e *momentum*, colocando você no mundo da ação, e não no da perplexidade e inação.

Você não precisa saber nada antes do tempo. O testemunhar lhe dirá o que fazer. Confie.

◆ ◆ ◆

O planeta está sobrecarregado ou é a sua mente? Seja um dos dois, nenhum dos dois, ou ambos, volte sempre ao básico.

Myoki: abertura

> Mickey, Minnie, Popeye e Pato Donald:
> Calções vermelhos, luvas brancas,
> sapatos amarelos —
> Eles não dizem sempre o mesmo?
> Nossa! Isso é bem legal! Ai, puxa!

KOAN

Myoki estava dando aula para sua turma da quinta série. Devido a muitos dias de neve impeditiva, ela tinha de se apressar para terminar o plano de aulas. Os alunos não estavam felizes com isso. De repente, do canto dos olhos, Myoki viu seu aluno, Steven, de pé ao lado da carteira: tinha pegado a malha preta dela e a vestia, caindo sobre as coxas como um vestido curto. Com as mãos cruzadas contra uma bochecha e os lábios franzidos, fazendo uma pose de Minnie Mouse, ele olhou diretamente para ela — tudo no meio da aula.

Myoki vivenciou uma abertura.

REFLEXÃO

A turma prendeu a respiração assim que vi Steven naquela pose. Eu ficaria brava? Eu o repreenderia? O que eu iria fazer?

Ah, uma interrupção. Repentina, inesperada, desconcertante — e pedindo uma resposta rápida.

Você tem um trabalho que precisa terminar — um plano de aulas a cumprir, um livro a escrever, uma casa a construir, uma criança para levar à escola, uma refeição a preparar, um computador a atualizar, flores a plantar — e você não quer interrupções. Mas interrupções acontecem, então como você reage?

Sem portão é o Grande Tao
Há milhares de caminhos a ele.[23]

Existe algo que não seja um portão para a prática? Toda ação que você realiza, toda situação que enfrenta, é uma oportunidade de vivenciar a si mesmo como um todo. Como? Mergulhando na ação ou situação que se apresenta. O que acontece quando chamamos algo de interrupção? O pressuposto é que estávamos fazendo algo planejado, talvez até importante, e não conseguimos concluí-lo por causa dela. Mas a interrupção também é um portão.

Há muitos anos, trabalhei na Padaria Greyston, como parte da Comunidade Zen de Nova York, que tinha sua sala de meditação no terceiro andar da padaria. Num sábado, quando eu estava em profunda meditação num retiro de fim de semana, senti uma mão em meu ombro. Era um padeiro me pedindo para descer por causa de um problema com um bolo de casamento a ser entregue naquele dia. Irritada com a interrupção, segui-o escada abaixo. No caminho peguei um pedaço de bolo de limão que os padeiros tinham deixado para as pessoas na recepção e coloquei na boca. O gosto da coalhada de limão foi um choque repentino. Fiquei paralisada — meus sentidos em vertigem por um bolo que eu já tinha provado muitas vezes antes — e minha mente se abriu de uma maneira que não se abrira dois andares acima, durante a meditação.

Albert Einstein provou anos atrás que o tempo é um construto, não é real, mas isso não impede que muitos de nós nos sintamos estressados devido ao tempo. As coisas acontecem *no tempo,* o que significa que acontecem quando planejamos. Em fins de semana e férias, quando estamos relaxados, sinto que tenho *muito tempo nas mãos.* Por outro lado, se houver trezentos dias letivos em um ano e perdermos muitos por causa de mau tempo, então meu ensino pode ser *uma corrida contra o tempo.*

Outras culturas veem o tempo de maneira muito diferente. A noção de tempo dos indígenas americanos é mais circular, conectando-se às estações, ao dia e à noite, e aos ritmos naturais do corpo, sendo que todos os quais mudam continuamente.

Você já apressou seus filhos para algum lugar, instando-os a trocar de roupa, lavar o rosto e entrar no carro, bem quando estão no meio de um jogo ou brincadeira importante, e acabou deixando-os perplexos e com raiva? Você se sente fora de sincronia com os ritmos naturais e orgânicos da vida? Você se sente fora de sintonia com o mundo natural, com dias ensolarados e noites escuras, com estações da vida como a juventude e a velhice? Nós até tentamos manipular as estações através de uma engenhoca chamada horário de verão!

As interrupções podem ser a maneira de a vida nos lembrar que as coisas são *sem tempo,* que o tempo todo estão acontecendo mudanças que não são *oportunas,* que não têm nada a ver com o conceito de tempo, progresso nem cumprimento de metas e prazos.

Quão mecânica é sua vida? Você sabe do que seu corpo precisa agora? É comida, descanso, lazer? Você come porque está com fome ou porque é hora do jantar? Você dorme porque está cansado ou porque é hora de ir dormir? Será que sua prática é prestar atenção às necessidades e cadências de seu corpo e como elas se cruzam com tudo o mais no universo, ou é olhar para o relógio, verificar a hora no celular, evitando qualquer pessoa ou coisa que não esteja no programa, que não ajude na *economia de tempo*?

Então Minnie Mouse fica em pé na sala de aula, clamando sua atenção.

Você continua como antes, fingindo que não a vê? Manda Minnie para a diretoria? Ordena que ela se sente para que você possa continuar com o que estava fazendo? Ou Minnie é um portão para o não-saber? Ao testemunhar, o que surge pode ser espontaneidade, talvez até riso.

◆ ◆ ◆

Se a Minnie Mouse aparecesse de súbito à sua frente, o que você faria?

Jimmie: café da manhã

"Pronto para pedir?"
"Quero dois ovos iluminação-para-cima, torradas íntegras, suco de laranja incondicionado, batatas hashbrown coemergentes e não-café."
"Isso vai custar R$27,49, por favor."

KOAN

Um morador de rua pergunta ao amigo: "Você pensa que algum dia acharemos o caminho para fora dessa situação?"

Seu amigo responde: "Hoje o café da manhã é na Igreja Matriz".

REFLEXÃO

Muitos de nós fizemos retiros de rua, morando nas ruas por um período de tempo, sem dinheiro e apenas com a roupa do corpo. Não fingimos ser sem-teto; era simplesmente um tempo para explorar a vida nessa situação. Onde quer que fôssemos, os moradores de rua nos diziam coisas práticas: onde é o sopão mais próximo, quem serve o melhor café da manhã, onde se pode conseguir um par de sapatos extra, onde dormir à noite sem ser perturbado pela polícia.

Depois voltávamos para casa e ficávamos devastados com as notícias e com o uso da tecnologia, com medo da violência e da guerra. *Você pensa que algum dia acharemos o caminho para sair dessa situação?* Nós nos inteiramos de eventos em todo o mundo, mas perdemos de vista o que está bem diante dos olhos. *Hoje o café da manhã é na Igreja Matriz.*

Preocupar-se com a vida não é viver; viver é viver. Assistir à mais recente tragédia de terremoto na TV é assistir à TV, não é dar o menor passo concreto para cuidar dos que se feriram. Uma discussão com os amigos, regada a vinho, sobre o que está errado com nosso país é conversar e beber; não gera mudança alguma.

Hoje o café da manhã é na Igreja Matriz. Cuide de si mesmo e faça alguma coisa. Perder-se em distrações, na linguagem inflamatória de líderes políticos ou da mídia, ou em vago desânimo e culpa, não ajuda ninguém.

Como cortar caminho com as abstrações? Às vezes até nossa maneira de ajudar pode se tornar uma abstração. Há muitos anos, meu marido e eu dirigíamos pelas ruas de San Francisco e, quando paramos num sinal vermelho, vi um homem com uma xícara pedindo dinheiro. Abri a janela, dei-lhe uma nota de um dólar e, quando ele agradeceu, perguntei seu nome. Os olhos dele se arregalaram: "Senhora", disse, "estou parado nesta esquina há muito tempo e a senhora é a primeira pessoa que pergunta meu nome".

Pergunte a um mendigo na rua qual é o nome dele, e ele se torna José, João ou Pedro. Passe tempo suficiente com ele, e ele não será apenas José, João ou Pedro, mas um ser humano específico com uma história de vida particular.

Os sem-teto, os doentes mentais, os pobres, os imigrantes — parte do que nosso cérebro faz é rotular as coisas, criando uma ordem. Mas será que adicionar o artigo "os" não transforma seres humanos em objetos, como *as* mesas ou *as* cadeiras?

Como disse um velho Buda: "A pintura de um bolo de arroz não satisfaz a fome."[24] Será que não perdemos a vida quando nos perdemos em abstração, quando entramos em nossas cabeças, em vez de testemunhar? Crianças famintas, ursos polares se afogando, pandemias, comércio sexual, refugiados — todos esses são aspectos da realidade transformados em manchetes, disparados sobre nós pela mídia, fazendo o mundo parecer um grande Circo de Horrores. O que é real e o que é um giro em parque de diversão?

O escritor israelense David Grossman, ao falar sobre a morte de seu filho na guerra, disse: "Estamos fadados a tocar a realidade através de uma ferida aberta."[25] De alguma forma, não será isso verdade para muitos de nós? A tentação é encerrar as coisas, fingir que não estão lá, encontrar várias maneiras de se esconder. Quando estamos prontos para enfrentar uma ferida social aberta, sem recuar para ilusão nem abstração, descobrimos movimento e vida lá. Ou, como disse Grossman: "Dentro da dor também há respiração, criação e fazer o bem."

Os moradores de rua não são os moradores de rua. Alguns são líderes e empreendedores natos, montando campos de desabrigados, recebendo comida e ajuda para os amigos. Alguns tiram a camisa do corpo para dar a você, e outros roubam seus sapatos se você os tirar para dormir. Eles não são tão diferentes uns dos outros como você é de mim? Até seu ponto em comum — não ter um lar — difere de pessoa para pessoa, dependendo das circunstâncias de suas vidas.

O Zen é cortar lenha e carregar água; é dar o próximo passo, fazendo o que está bem à sua frente. O Buda é famoso pela praticidade de seu ensinamento, que sempre visou aliviar o sofrimento das pessoas que o procuravam.

Quando os brâmanes tentaram envolvê-lo em questões teológicas mais abstratas, ele permaneceu em silêncio, pois sentia que eram distrações das necessidades e preocupações mais prementes.

Quando explodiu a crise de refugiados sírios inundando a Europa, o Papa Francisco sugeriu que cada igreja e paróquia europeia acolhesse uma família — uma proposta modesta e relativamente viável. "Eles não são números", disse.

Não se perca adicionando e subtraindo, não fique paralisado pelas abstrações de sua própria mente. Ajude a cuidar de uma família. Ajude a cuidar de um ser humano.

◆ ◆ ◆

Você sabe o nome de um único morador de rua em sua região? O nome de uma pessoa que segura uma placa pedindo dinheiro? Sabe dizer a eles como chegar ao abrigo local? Você pode levá-los até lá?

Louise recolhe ovos

Uma galinha choca, um ovo é posto —
Quentinho, oblongo, de cor suave.
Quando a mulher recolhe o ovo precioso
Que palavras de amor pronuncia?

KOAN

Louise fala carinhosamente com suas galinhas ao colher ovos. Um dia notou que o trabalhador que consertava janelas em sua casa a observava, enxugando as lágrimas. Consciente de ser observada, ela lhe ofereceu uma xícara de chá ou café e depois, com certa relutância, os ovos. Ele assentiu e enxugou os olhos.

Ela entrou na cozinha para pegar a xícara para o homem e uma tigela para os ovos, e encontrou o filho enxugando as lágrimas.

Então perguntou a ele: "Por que você está chorando?"

Ele respondeu: "Ouvi o trabalhador dizer que o modo como você fala com suas galinhas quando colhe ovos lembra a mãe dele, que morreu recentemente. Ele e eu nos tornamos irmãos ao assistir a você conversando com as galinhas e recolhendo ovos".

Louise ficou profundamente tocada.

REFLEXÃO

Aquela pessoa ali — ele é seu irmão? Ela é sua irmã?

Um koan tradicional pede que você se manifeste como irmã ou irmão mais velho ou mais novo. Aqui temos um menino reivindicando um estranho como irmão porque ambos assistiram às suas mães falarem amorosamente com galinhas quando colhiam ovos. O que significa dizer que alguém é seu irmão ou sua irmã?

Os indígenas dizem que somos todos parentes; tratam todos como parentes. Em nossa cultura ocidental, isolamento e separação predominam com frequência. Usar a frase "*todas as minhas relações*" nos faz mudar da identificação como indivíduos separados para o sentimento da conexão fundamental de, como dizia meu mestre Taizan Maezumi Roshi: "Todos os seres todos juntos." Como seria se você vivesse a partir desse lugar de inclusão e conexão radicais? E se você sentisse que todo mundo é seu irmão ou irmã, ou, como dizem os budistas tibetanos, todo mundo já foi sua mãe?

Somos todos parentes abrange o cosmos e a terra, plantas, criaturas e seres humanos. O próprio Buda declarou ao despertar: "Eu, a grande terra, todos os seres, somos todos juntos despertos!"[26] Somos todos da mesma força vital, da mesma substância, aparecendo como diferentes formas, formatos, cores e texturas. Tudo é um, um é tudo. Você não pode estar separado da força da vida ou qualquer uma de suas expressões — não de galinhas, ovos, outras pessoas ou até dos mortos.

O que é trazido à tona quando você parte de uma base de conexão íntima com todos?

O mundo das galinhas tem uma bela mágica de chamada-e-resposta. A galinha e o pintinho devem começar a bicar ao mesmo tempo para a casca quebrar e o filhote emergir. Se o pintinho bica e não há resposta, ou se a galinha-mãe bica antes de o filhote estar pronto, ele morre. O mestre Zen, Dogen Zenji, escreveu: "Embora a cor das flores de pêssego seja linda, elas não florescem por si mesmas: abrem com a ajuda da brisa da primavera."[27]

Sua vida também é um fluxo incessante de chamar outros e ser chamado por outros. Suas necessidades mais básicas — a comida que você come, a roupa que veste e o abrigo em que vive — dependem dos esforços de outros. Sempre que meu mestre dizia: "Minha vida só acontece por causa de suas vidas", eu me sentia desconfortável, até perceber que isso é realmente verdade. Minha vida também acontece por causa de sua vida e de inúmeras vidas desconhecidas para mim. Embora você possa não estar ciente dessas pessoas, elas não são seus parentes também?

Você consegue enxergar até onde sua vida se estende? Lembro-me de uma vez quando meu mestre falou sobre o cântico que entoamos antes das refeições. Quando ele entoou "Buda nasceu em Kapilavastu", começou a chorar. Lá estava: o momento da conexão visceral que permeia tempo, espaço e todos os seres.

Louise, conversando com suas galinhas enquanto colhia os ovos, evocou a memória da mãe do trabalhador, que havia morrido, e despertou a conexão de seu filho com um estranho, a quem ele então chamou de irmão. Todo o universo está chamando e respondendo, parente a parente, em um fluxo incessante.

Quem está bicando em sua casca para atraí-lo? Quem está trazendo à tona sua bondade, ternura e beleza? Diga-me: essa pessoa... ele é seu irmão? Ela é sua irmã?

◆ ◆ ◆

Que coisa inesperada a está chamando e como você está respondendo? O que você está trazendo à tona em outra pessoa? Existe alguém que você não incluiria em "todas as minhas relações"?

James: verduras cozidas

Água fervente quebra ligações moleculares
Transformando couve, laranjas e até pato.
Diga-me, algo mudou realmente aqui?
Se não, por que todo mundo está gritando?

KOAN

Quando James era cozinheiro-chefe num retiro, contou ao mestre que ouvira as verduras gritando de dentro da panela de sopa fervente.

O mestre disse: "Você deve falar com o Seppo sobre isso". Seppo foi o cozinheiro-chefe de um mosteiro chinês, doze séculos atrás.

"Mas Seppo está morto há muito tempo", respondeu James.

"Você não consegue ouvi-lo gritar?", perguntou o mestre.

REFLEXÃO

Seppo foi o cozinheiro-chefe no mosteiro de Tokusan, e por fim abade de seu próprio grande templo na China do século IX. Há também muitas histórias dele com seu companheiro, Ganto, fazendo peregrinações por vários templos, em combates calorosos do Darma com mestres e entre si, para obter uma compreensão mais clara da vida e da prática.

Em mil anos, que histórias ligadas à comida surgirão sobre os meditantes Zen do século XXI? Histórias de que verduras e frutas de todos os tipos os cercavam, não importa a estação? De que, enquanto a maioria das pessoas separava as maçãs antes de comprá-las, apertando algumas e jogando-as descuidadamente de volta, outras não se davam ao trabalho de ir ao mercado? Será que apenas abriam o computador, separando na tela rosas orgânicas cultivadas na Guatemala e abacaxis cultivados no Havaí para, uma hora mais tarde, receber tudo entregue por um drone? De que algumas pessoas não cozinhavam de jeito nenhum? De que muitos morriam de fome enquanto comida farta era jogada fora?

Às vezes, nossas vidas no Ocidente podem parecer seguras e até complacentes. Mas vida e morte estão por toda parte, em todos os atos, inclusive na simples atividade de fazer sopa. Um mestre Chan disse: *Se eu seguro um fio do meu manto, na verdade seguro o manto inteiro.*[28] Será que preparar uma salada não revela o mundo? Olhe para a cebola roxa que você está cortando, ou para uma única folha de espinafre. Contemple o trabalho e os trabalhadores que a trouxeram à sua cozinha; o sol, a chuva e a terra, a vida e morte das plantas vivas que lhe deram esses vegetais. Ou então mergulhe no cortar e fatiar da cebola. Veja sua capa roxa se desenrolar para revelar seções e camadas mais finas e claras. Será que você pode estar tão presente nessa atividade que a cebola não é mais uma cebola e você não é mais você?

As culturas nativas sempre souberam que coletar, cultivar, caçar e preparar alimentos demonstram todo o ciclo da vida, do começo ao fim. Aqui e agora, com nossos supermercados limpos e envoltos em plástico, nossos fornos de micro-ondas e processadores de alimento, é fácil pensar que podemos manter distância das circunstâncias cruas da vida e seus ciclos essenciais.

Teremos o destemor e a determinação de sentar no caldeirão fervente? Quem é o cozinheiro? Quem está gritando e chorando? Se nós na verdade somos tudo, não somos, cada um e todos, os ingredientes da comida cozinhando no fogão?

Liste todos os ingredientes que você usa para co-criar a refeição de sua vida. Existe algum que não é você? Aqui está uma lista apenas parcial de tudo o que foi para o caldeirão:

Feijão, tempero, panela, cozinheiro, avental, guardanapo, lanchonete, açougue, boi, sol, chuva, pesticida, fazendeiro, trator, pássaros, nuvens, minhocas, sal, minerais, trator, luva de segurar panela, colher, língua, tigela, faca, tomate, fertilizante, mesa, cadeira, toalha de mesa, cebola, azeitona, óleo, árvores,

fogo, bomba de água, poço,

cientista, faca, liquidificador,

terra

e

mais

e

mais.

◆ ◆ ◆

Em nossa oração da refeição, dizemos: "Essa comida permeia tudo." O que acontece com a comida que você come? Como ela permeia tudo?

Daishin: sair de casa

> Bruxas temíveis, florestas
> sombrias, lobos uivantes —
> Eu avisei para não sair de casa!
> Se você não sabe aonde está indo
> Com certeza vai acabar em outro lugar.

KOAN

Quando um paciente visa à autodestruição, Daishin, psicoterapeuta e estudante do Caminho, deixa o lar também. Como é que, mesmo seguindo a pessoa de mente perturbada, ele nunca deixa o caminho?

REFLEXÃO

Quando uma pessoa se torna monge Zen, diz-se que ela ou ele está deixando o lar. Neste koan, terapeutas ou professores, enquanto seguem as pegadas de confusão e dor, também precisam deixar algo para trás.

De fato, não temos todos de deixar algo para trás quando nos juntamos a alguém em sua jornada? O que os pais deixam para trás quando se juntam à jornada dos filhos à idade adulta e além? O que médicos, enfermeiros e terapeutas deixam para trás quando acompanham seus pacientes à terra das doenças graves e até da morte? O que os professores do Zen deixam para trás enquanto trabalham com seus alunos durante muitos anos de treinamento?

Acho que o que deixamos para trás é a resposta, noção de que, graças à nossa maior experiência, educação e treinamento, temos uma resposta que eles não têm — uma solução definitiva para o sofrimento de uma pessoa.

"Mas eles estão me procurando por uma solução, uma saída", disse um terapeuta. "Vêm até mim por causa de meus conhecimentos".

Conhecimento é bom e útil; assim como as terapias de conversa e a medicação. Mas a Primeira Nobre Verdade do Buda ensina que a vida é sofrimento, pois desejamos e nos apegamos a coisas que sempre mudam e nunca permanecem as mesmas — nunca permanecem como desejamos que sejam. O amor vem e vai, o trabalho vem e vai e, por fim, a vida também. Nenhum terapeuta pode remover essa contingência da vida de um paciente, nem da sua própria vida.

Há muitos anos, um morador de nossa comunidade Zen cometeu suicídio. Ele havia sido admitido aqui sob a condição de tomar seus medicamentos, mas não tomou e acabou dando fim à sua vida. Um praticante antigo do Zen e psiquiatra me disse: "Ao longo dos anos trabalhei com muitos pacientes que falaram em suicídio. A maioria deles não o cometeu; alguns, sim. Se você vai trabalhar com pessoas assim, deverá carregar essa incerteza com você, dia após dia."

Não podemos garantir nada a nossos pacientes. Aceitar isso é muito difícil. Será que você pode testemunhar não apenas as palavras e ações do paciente, mas também suas próprias reações: a contração nervosa na barriga, a boca seca, o cansaço e a frustração? Mesmo quando não se trata de autodestruição, há uma sensação de seguir alguém a um lugar sem ordem, regras, consistência nem controle.

Como você sente isso? Está em sintonia consigo mesmo ou apenas com o paciente?

O que acontece quando você vai para casa e sua esposa e filhos precisam de atenção? Você grita com eles para deixá-lo em paz e senta em frente da televisão? Você sente que precisa de uma bebida?

Tente esvaziar-se entre os encontros com pacientes, deixando de lado a história de uma jornada enquanto se prepara para outra. Será que você pode encontrar aquele ponto de quietude no qual nada precisa ser consertado, reparado ou alterado de nenhuma forma? A luz da sintonia não precisa se apagar quando o paciente sai pela porta; ela pode continuar brilhando para dentro, dirigindo nossa atenção para a fonte. Onde é este lugar? Está dentro do terapeuta? Está no paciente?

Testemunhar as experiências excruciantes de um paciente, dar permissão total, fornecendo o espaço generoso onde tanto pode encontrar expressão, é um grande dom. Mas, diga-me, quem está sendo testemunhado aqui?

> *Guishan perguntou a Daowu: "De onde você vem?"*
> *Daowu respondeu: "Estive cuidando dos doentes".*
> *Guishan questionou: "Quantas pessoas*
> *estavam doentes?"*
> *Daowu respondeu: "Havia os doentes e*
> *os não doentes".*
> *Guishan inquiriu: "O não doente não é você,*
> *asceta Zhi?"*
> *Daowu retorquiu: "Estar doente e não estar doente*
> *não tem absolutamente nada a ver com ele*[29]

Quem está doente e quem não está doente? E quem é *ele*? Mesmo em situações muito inquietantes, o muro que separa saúde de doença, paciente de médico, é permeável. Quão fixo você está em sua posição de saudável — aquele com certezas e respostas? Alguns de nós estão visivelmente traumatizados, outros mal mostram cicatrizes. Mas não somos todos vulneráveis às vicissitudes da vida, para não falar de nosso legado humano de doença, velhice e morte? Neste momento sou o terapeuta ouvindo o trauma de alguém, mas no caminho de casa hoje à noite, posso ter um acidente, sofrer lesão cerebral e me tornar incapaz de funcionar com autonomia. Isso pode acontecer num átimo. De que lado da mesa estarei sentado então?

Isto não é *eu*, o terapeuta, ajudando *você*, o paciente, ou mesmo salvando você. Neste momento, posso ter o conhecimento que você busca — mas e depois, ou sob circunstâncias diferentes?

Estive num retiro de rua em Nova York com alguém que trabalhara a vida toda com pessoas com doença mental. Ele disse que gostaria de trazer todos os seus colegas de trabalho — terapeutas e assistentes sociais — às ruas para que pudessem ver de forma diferente as pessoas a quem tratam. As pessoas que ele medicou e aconselhou em seu consultório tornaram-se seus professores nas ruas, dizendo-lhe onde comer e dormir, e como cuidar de si.

Nossa vida é doença e saúde juntas; inclina-se para um lado ou para o outro, dependendo das circunstâncias. Ao entender isso, de quem é essa jornada? Quão perto você vai chegar? Por quem você tem medo? E quando diagnósticos e prescrições não são mais válidos, o que permanece?

◆ ◆ ◆

Você é a terapeuta, a médica, a assistente social, a professora. Diga-me, o que deve deixar para trás?

Daikan: nomes

Aquele-que-não-deve-ser-nomeado
Afinal, tem um nome.
Diga-o!

KOAN

Daikan participou da reunião semanal de uma agência de assistência social na qual os funcionários discutiam o modo de se referir às pessoas atendidas. Alguns achavam que elas deveriam ser chamadas de clientes, outros queriam que fossem chamadas de participantes do programa. Alguns não entendiam por que não podiam ser chamadas de pacientes, antigo rótulo amplamente usado. O diretor do programa finalmente perguntou: "Se vocês estivessem sendo atendidos por este programa, como gostariam de ser chamados?"

REFLEXÃO

Como você quer ser chamado?
    A maioria das pessoas me chama de Eve. Nos anos 90, eu era chamada principalmente de Myonen, nome de darma que recebi na cerimônia de preceitos. Meus pais me chamavam Chavale, versão afetuosa de Chava, o nome hebraico que me foi dado quando nasci.
    Talvez você pense que esses são três nomes diferentes para a mesma pessoa, mas será a mesma pessoa? Eve é

meu nome de adulta, usado por meus amigos. Chavale traz de volta não apenas associações de família, mas também a *shtetls* da Europa Oriental, o trauma do Holocausto e uma educação religiosa judaica. Myonen evoca treinamento Zen, Japão e a companhia de outros praticantes do Zen. Migro de um mundo a outro, dependendo do nome pelo qual sou chamada. Não apenas meu comportamento muda, também muda o meu linguajar. Sou todas as coisas evocadas por esses nomes.

Meu professor tinha vários nomes de darma, mas preferia usar *Bernie* por causa das associações com suas raízes comunistas judaicas. Quando você o chamava de Bernie, seu comportamento, entonação e gírias evocavam o Brooklyn, Nova York, onde ele crescera. E começava a comportar-se de maneira escandalosa quando o chamavam de Boobysatva, nome que escolheu quando fundou a Ordem da Desordem — uma ordem de palhaços.

O que há em um nome? História familiar, expectativa dos pais, o sussurro de um amante. Lembra a importância dos apelidos na escola? Agora pense em títulos como *Srta.* x *Sra.* x *Dna.*, e rótulos descritivos como *paciente* x *cliente* e *retardado mental* x *portador de deficiência cognitiva* — por que geram tantas paixões e controvérsias? De fato, há pessoas espancadas e mortas todos os dias por causa de nomes: *Branquelo! Negro! Judeu! Árabe! Bicha! Bundão! Infiel! Bruxa! Vaca! Comunista! Capitalista! Terrorista!*

Será que nomes traduzem quem realmente somos? Palavras podem captar a totalidade da vida? O melhor nome do mundo apenas aponta para alguma coisa, não é a coisa em si. Então, como lembrar que *lua* não é a lua? Que *chocolate* nem começa a descrever essa obscura, inefável combinação? E o que dizer da palavra *amor*?

Alguns de nós abrigam-se no silêncio: não há confusão aí, certo? "Só quero sentar em silêncio", alguém me diz na sala de meditação. *Não quero ter que falar, não quero ter que ouvir, eu só quero silêncio.* Mas silêncio também pode ocultar e enganar, como qualquer coisa que usamos para fugir da vida. A meditação Zen é um envolvimento silencioso mas ativo com o que quer que surja, não é um convite a retirar-se na Terra do Nunca de Peter Pan.

Muitos anos atrás, sentei-me com meu professor para planejar o cronograma de um retiro de um dia que começava às seis da manhã e terminava às nove da noite. Ele inseriu três serviços litúrgicos, além de três refeições ritualizadas, uma palestra e algumas horas de trabalho doméstico e de jardinagem. Como a maioria dos participantes era novata, o dia também incluiria uma introdução à meditação, junto com treinamento do ritual das refeições e da liturgia.

"Então, quando vamos sentar?", eu brinquei.

Ele ficou bravo. "Nós comemos três refeições porque as pessoas têm que comer. Por esse motivo, também cozinhamos, servimos e limpamos. Fazemos três serviços por dia, sendo que todos eles exigem treinamento, e já que o retiro é aqui, a casa também precisa de cuidados. Um retiro silencioso não significa que não cuidamos das coisas".

Palavras não são escapatórias; silêncio não é escapatória. Palavras e nomes são importantes, mas lembre-se, por favor, embora a pessoa seja fluida, o nome não é. Provavelmente é por isso que as pessoas mudam de nome.

Estamos nos expressando constantemente, mesmo sem fazer nada além de ficar na cama. Um estranho aprenderá muito sobre nós apenas nos observando enquanto bebemos uma xícara de chá. Então, como bebemos uma xícara de chá? Como falo com meu médico ou com minha filha? Chamo-a por quais nomes?

◆ ◆ ◆

O que acontece quando você esquece o nome de alguém? Como vocês se conectam além das palavras e letras? O silêncio é tudo que resta?

Inzan: semáforo vermelho

> Verde-amarelo-vermelho-amarelo-verde-
> vermelho-vermelho-vermelho-amarelo
>
> Vai-devagar-para-devagar-vai-
> para-para-para-devagar —
>
> Espera um pouco, é demais!
> Como você espera que eu chegue a algum lugar?

KOAN

O que é Buda?
  Um farol vermelho.

REFLEXÃO

Temos pressa de chegar a algum lugar e a luz do semáforo fica vermelha. Podemos, de raiva, praguejar baixinho, cuidando para pisar no acelerador assim que surgir o sinal verde. Ou fazer uma pausa, respirar fundo, sentir o corpo no assento e, quem sabe, ajustar o cinto de segurança para não pressionar o ombro. Talvez olhar o que nos rodeia lá fora, lembrando que a vida não é apenas chegar a algum lugar numa certa hora.

"Quando é luz verde, eu simplesmente sigo", disse um jovem motorista. "Quando é vermelha, entendo que a vida tem outros planos".

Veja a irritação que surge se um farol fica vermelho exatamente quando estou apressado para chegar a algum lugar. Há uma rápida exalação de aborrecimento, meus lábios se tornam uma linha fina de contrariedade, os ombros enrijecem, o corpo se contrai e talvez eu murmure um palavrão. O universo está me frustrando, e entro em modo de luta.

Que velho instinto é esse, de controlar nosso ambiente e nossa vida? Você consegue ter consciência de seu ressentimento, quando tem a impressão de que a vida está *lhe* controlando através de um semáforo computadorizado? Isso parece engraçado, até lembrarmos quanto sofrimento as pessoas infligem a si próprias e aos outros por causa de trânsito, estradas congestionadas e luzes piscando. Às vezes dirigimos nossa agressão a outros motoristas, à polícia ou a pedestres na rua, mas sempre voltamos a agressão contra nós mesmos. Se não acredita, olhe seu rosto no espelho retrovisor na próxima vez em que pegar um farol vermelho indesejado.

Uma aluna disse que não liga o rádio ao dirigir por quarenta minutos até o trabalho. Ela tem uma família em casa e alunos na escola. "Meu tempo, quando estou dirigindo, é só pra mim", afirmou. "Quando dirijo, apenas dirijo. Se alguém muda de direção à minha frente, piso no freio, e se o tráfego fica lento, vou devagar. É muito simples, nunca é complicado, a vida me diz o que fazer e eu faço".

Você gosta de complicar as coisas?

Um antigo koan fala do Mestre Chan Deshan, erudito tradutor que se tornou chefe de um grande mosteiro. Depois de ensinar por muitos anos, já idoso, ele sai certo dia carregando suas tigelas. Ao vê-lo, um monge noviço o repreende: "Você não sabe que o sino da refeição não soou, e ainda não foi batido o tambor?"[30] Ouvindo isso, o velho professor simplesmente dá meia-volta e retorna ao seu aposento. Não discute, não lembra ao aluno quem é o chefe, não se defende por ser idoso. Ele não complica as coisas.

Nós comemos quando o sino toca, dirigimos quando a luz está verde e paramos quando fica vermelha.

Quando agimos em consonância com as coisas como elas são, tudo se abre, não é verdade? Não é mais apenas questão de chegar pontualmente ao trabalho, também há um céu outonal, uma mulher de jaqueta cor-de-rosa empurra um carrinho de bebê do outro lado da rua, um caminhão entrega óleo para o inverno, um homem abre as grades de sua loja, o carro ronrona satisfeito após a revisão do outro dia. Abandono minha fixação em metas e destinos.

As abelhas carregam pólen e néctar para alimentar sua prole, voando de flor em flor quase como nós, quando dirigimos de um lugar a outro. Porém, quando elas voam, jogam pólen de uma para outra flor, polinizando assim flores e plantas. Estão fazendo a coisa delas, ao mesmo tempo em que participam de um ciclo de vida complexo e altamente inteligente. Nós, humanos, pegamos a estrada para buscar as crianças, ir ao trabalho, comprar comida para a família, enquanto a vida vai acontecendo não só em torno, mas através de nós.

Na página da web do Centro Zen Green River, temos *Programação Regular* e *Eventos Especiais*. Na vida, também temos nossa programação regular: café da manhã, trabalho, almoço, uma consulta médica, buscar as crianças na escola, etc. E depois há eventos especiais: um acidente de carro, uma doença grave, uma promoção, um nascimento, uma morte. Afinal, existe apenas a Agenda da Vida. Você não está fazendo eternamente esse retiro? Às vezes é questão de seguir adiante, às vezes de tomar a esquerda ou a direita, às vezes pegar a autoestrada ou uma estrada rural com paisagem pitoresca e às vezes é questão de parar. A velocidade é sempre a correta; o semáforo nunca está errado.

◆ ◆ ◆

Respire quando o farol ficar vermelho, relaxe o rosto, relaxe suas feições. Existe um momento melhor que este?

Darla Jean dobra toalhas

Racha lenha. Carrega água.
Lava louça. Varre o chão.
Limpa banheiros. Dobra as roupas.
Como é que uma pessoa iluminada
vive seus dias?

KOAN

Certa noite, quando Darla Jean tinha doze anos, sua mãe a ensinou a dobrar toalhas recém-lavadas. Enquanto fazia isso, perguntou: "Darla Jean, já pensou no que vai fazer quando crescer?"

Darla Jean esclareceu: "Vou fazer todas as mulheres felizes".

A mãe quase chorou de tanto rir.

Muito mais tarde, a professora de Darla Jean disse: "Existe um tesouro além da felicidade e da infelicidade. Como você vai usá-lo?"

REFLEXÃO

Como a maioria das crianças, Darla Jean tinha perfeita consciência dos humores e sentimentos de sua mãe. Quando tinha dez anos, o pai as abandonou. Darla Jean ficou muito preocupada com a tristeza da mãe durante o divórcio. Pensava em como ela trabalhava duro na fábrica o dia inteiro, voltava para casa, fazia o jantar e depois lavava roupa. Darla Jean queria que sua mãe fosse feliz.

Dobrar toalhas é uma tarefa doméstica simples que envolve o modo como a vida deve ser vivida. Há algo sobre dobrar toalhas depois de lavá-las que até hoje me satisfaz e reconforta. Você é uma pessoa que se irrita com as tarefas domésticas e contrata alguém para executá-las? Se for, eu recomendo que reserve uma dessas tarefas para si e execute-a sem deixar espaço entre você e o lavar pratos, dobrar toalhas ou limpar o chão.

Ao ensinar sobre os preceitos e o modo de vida correto, meu professor, Bernie Glassman, usava a analogia de beber num copo. "Você bebe água de um copo, o copo fica sujo e você o lava", dizia ele. Em outras palavras, sujar as coisas faz parte da própria natureza de viver; limpá-las e usá-las de novo também faz. É o caso das toalhas: você as usa, elas ficam sujas; você as lava, dobra e guarda, para usá-las depois mais uma vez. O ato de dobrar toalhas está impregnado com a intimidade deste ciclo da vida cotidiana, intimidade amplificada quando estamos dobrando toalhas ao lado de outra pessoa. Foi dessa maneira que Darla Jean e sua mãe dobraram toalhas certa noite após o jantar, na continuação de um longo dia de trabalho. Realizar com outrem as tarefas simples do dia a dia suscita, muitas vezes, prazerosas trocas que nos ancoram na vida familiar.

Nessa noite, a mãe de Darla Jean perguntou: "Você já pensou sobre o que fará quando crescer?" A resposta de Darla Jean foi inesperada: "Vou fazer todas as mulheres felizes". A mãe quase chorou de tanto rir. Podemos considerar esse sentimento adorável e compreensível numa criança que vive em circunstâncias conturbadas, mas isso se tornou uma promessa de vida para Darla Jean. Naquele momento terno e desprotegido, dentro de Darla Jean, em profunda ressonância com todas as mulheres que sofrem, surgiu uma grande promessa.

Mas como fica a questão da felicidade? Certo dia, uma aluna da Suíça visitou meu professor e perguntou: "Maezumi Roshi, por que nenhum dos seus alunos parece feliz?" Essa pergunta mexeu bastante com o Roshi, que, ao falar sobre aquele diálogo, disse: "Pessoalmente, nunca me pergunto se estou feliz. Egyoku, mesmo que nenhum de vocês esteja feliz, quero que alguns pelo menos *pareçam* felizes". Roshi e eu demos boas risadas. Diga-me, então, e a pessoa que está além das condições de felicidade? Ela parece feliz?

Ao ouvir sobre a época em que Darla Jean e sua mãe dobravam toalhas juntas, a professora de Darla Jean perguntou: "Além da felicidade e da infelicidade existe um tesouro. Como você vai usá-lo?" Mergulhe nas tarefas à sua frente! Descarte os pensamentos e, se estiver dobrando toalhas, esvazie-se nas dobras e na textura macia do tecido, no desbotamento das cores e na passagem de suas mãos sobre as dobras; permita-se ser envolvido. Uma pequena tarefa doméstica, afinal, nada tem de pequena.

◆ ◆ ◆

Como você percorre o caminho além do limpo e do sujo? Tarefa doméstica é um portal espiritual: como você passa através dele?

Roland: dar um passo atrás

"Agora, veja bem, é preciso correr o máximo que você puder para ficar no mesmo lugar."[31]

KOAN

Quando Roland passou em todos os exames para se tornar médico, ficou triste e até deprimido. "Não havia mais meta alguma, eu me senti inútil, nada me levava a lugar algum."

Muitos anos depois, combinando meditação e prática de medicina homeopática, ele diz: "Um passo atrás é um passo à frente, um passo à frente é um passo atrás".

REFLEXÃO

Somos tão orientados para metas que a vida muitas vezes parece uma flecha cruzando o espaço a fim de acertar o alvo. Enquanto estamos no rumo, vamos avançando, mas ao pisar fora da linha, para uma pausa que seja, sentimo-nos retroceder.

Um koan antigo trata disso diretamente. Chao-chou perguntou certa vez a Nanquan Puyuan: "O que é Tao?" Nanquan respondeu: "Mente comum é Tao". "Então devemos nos dirigir a ela ou não?", inquiriu Chao-chou. "Se tentar ir em direção a ela você se afastará dela", disse Nanquan. Chao-chou não desistiu: "Se não tentamos, como podemos saber que é o Tao?"[32]

Não é isso que presumimos naturalmente? Se não tentamos, como podemos saber que é aquilo mesmo? Se não o definimos como meta e então tentamos o nosso melhor, como chegaremos a algum lugar?

No Zen, não tentamos chegar a lugar algum. Nossa prática é a de fechar lacunas — a lacuna entre você e seu Eu, entre você e eu, entre meta e prática, entre a corrida e a linha de chegada. "O Tao não depende de saber ou não saber", Nanquan informa Chao-chou. Ele não se presta a nossa contabilidade cotidiana do isso + isso + isso = aquilo. Se você puder mergulhar a cada passo, encontrará o tesouro ali mesmo. Aliás, não precisa ir a lugar algum, você pode encontrar o tesouro sob seus pés, exatamente onde está:

"Centenas de flores na primavera, a lua no outono,
Uma brisa fresca no verão e neve no inverno.
Se não houver nenhuma nuvem inútil em sua mente,
Para você será uma boa estação."

Se você não segurar as coisas, inclusive metas e destinos, todo dia é um bom dia. Tudo bem, você pode dizer, porém ainda precisamos de metas na vida. Metas e prioridades nos ajudam a planejar o dia, mas tendo iniciado uma atividade podemos largar o relógio interno, desacelerar nosso esforço, pôr de lado a tagarelice mental e deixar que o fluxo assuma o controle. Mais importante, podemos desprezar as vozes internas que abarrotam nossa consciência, empurrando, implorando, advertindo-nos a entrar em forma, trabalhar duro, chegar na frente.

Nós nos identificamos não apenas com nosso objetivo, mas também com a atividade. Muitos de nós acordamos de manhã e entramos instantaneamente em modo de trabalho. Será você uma dessas pessoas que ficam ansiosas nas férias, temendo não compensar o tempo ou a falta de esforço, ou ficar para trás e perder algo por causa do acúmulo de e-mails não abertos e mensagens telefônicas não respondidas?

Como poderíamos perder algo se, a cada momento, nada está faltando?

"O trabalho é uma bênção, a labuta é a miséria do homem", disse Abraão Heschel, filósofo judeu do século XX, em seu livro sobre o Sabbath.[33] Atualmente, quantas pessoas passam um dia inteiro sem abrir e-mails? Fazer uma pausa dá a sensação de andar para trás.

No Zen, prestamos atenção ao corpo-mente. A mente sozinha está cheia de pensamentos e sussurros maníacos, mas quando consulto o corpo-mente, a prescrição pode ser trabalhar, dar uma folga, tirar uma soneca, sair para um passeio, pegar um livro ou brincar com o cachorro. Seja qual for sua escolha do que fazer, realmente faça. Você vivencia o que está fazendo ou já está pensando no próximo passo? Você sempre sabe onde estão seus pés e suas mãos? Um professor pode dizer, a partir da linguagem corporal dos alunos durante as sessões face a face, se eles estão se adiantando, as mentes correndo à frente, ou se estão centrados e conscientes. Não seja impelido.

Como Nanquan disse a Chao-chou: "Mente comum é Tao". A mente comum é o Caminho, e não há nada a fazer, nada a disputar, nada a alcançar. Que parte de você não acredita nisso? Que espírito faminto dentro de você acha que é preciso ter mais sucesso, mais dedicação, mais determinação? Que você deve, acima de tudo, trabalhar sempre, sempre mais? Ignorar ou excluir esse fantasma faminto está fora de questão, pois ele não irá embora. Se tentar alimentá-lo, trabalhando cada vez mais, ele continuará faminto e a lhe dizer que alguma coisa está sempre faltando, que sua vida ainda deixa a desejar. Pare e ouça atentamente — falta alguma coisa? Acolha a questão, acolha o fantasma, convide esse espírito para a mandala de sua prática e fique no momento. A prática requer disciplina e compromisso, mas não devido a uma sensação de carência ou fracasso. Não há nada a ser compensado.

Roland agora diz: "Estou em casa porque decidi não trabalhar mais sexta-feira à tarde. O passo atrás é ser menos bem-sucedido e ganhar menos dinheiro, mas o passo à frente é ter mais tempo para mim, para os outros e para outras partes da vida. Então, esse passo atrás é um passo à frente!"

◆ ◆ ◆

O que você considerou um passo à frente em sua vida? Um passo atrás? Você perdeu algo do primeiro e ganhou alguma coisa do segundo? Se um passo à frente é um passo atrás, onde você se encontra?

Patricia: McTenzo encontra seu lugar

> Cozinhar é trabalho perigoso.
> Você pode trocar sal por açúcar,
> Melado por molho de soja.
> Mas a Chef de Ferro não se preocupa,
> Seus preparados têm um único sabor.

KOAN

Uma manhã, Patricia abriu a geladeira e se espantou ao encontrar o mestre sentado lá dentro.
"O que você está fazendo aí dentro?", ela perguntou.
"O que você está fazendo aí fora?", retrucou o mestre.

REFLEXÃO

Passo a maior parte do tempo, todos os dias, ao lado de um computador à minha mesa, em casa. Olho muitas vezes pela janela, a estrada cheia de carros, de gente, de animais, e imagino que a vida está mais lá fora do que aqui, onde estou. Na verdade, esteja eu dentro ou fora de casa, geralmente sinto que há uma tela entre mim e o mundo, como se estivesse olhando a vida passar por minha janela, enquanto estou no lado de dentro com muitas opiniões sobre isso.

As pessoas costumam dizer que, quando se veem amarradas demais a coisas externas, tiram um tempo para focar a atenção dentro de si. Mas será que existe dentro e fora? Dentro e fora de quê?

O *Portão Sem Portão* é uma conhecida coleção de koans, aludidos com frequência como portões de prática. Quando percebe o espírito desses koans, você se dá conta de que não havia nenhuma barreira desde o início, nenhum portão fechado. Os koans de pessoas comuns também são portões de prática; na verdade, cada situação é um portão. Se você não está apegado a ideias e conceitos sobre o que as coisas são ou deveriam ser, pode passar sem problema algum. Em vez disso, muitas vezes abraçamos nosso próprio confinamento.

Olho pela janela e vejo o mundo, mas diga-me, será que o mundo não estaria olhando de volta e me vendo? Quem está olhando para dentro e quem está olhando para fora? Existe algo que nos separa? "A natureza-Buda permeia todo o universo", entoamos. Não há limites ou fronteiras em lugar algum.

Podemos pensar que vida interior é uma vida de meditação, reflexão, oração, e que vida exterior é tudo mais que fazemos durante o dia. Mas, em suas famosas instruções para meditação, Eihei Dogen escreveu que meditação nada tem a ver com sentar ou deitar: "É simplesmente o portão do Darma de repouso e bem-aventurança, a prática-realização da iluminação inteiramente alcançada".[34]

Que prática é essa que promete repouso e bem-aventurança? Será que todos os aspectos do nosso dia — alimentar as crianças, limpar a casa, atender ao telefone, participar de reuniões, dirigir, pôr as contas em dia, escrever um artigo — podem ser vividos como "iluminação inteiramente alcançada?"

Fazemos muitas coisas sem pensar nelas. Quando se veste, você pensa conscientemente em todos os detalhes? Você estuda como colocar um braço numa manga, depois o outro, depois os botões, onde vão saia ou calça, meias e sapatos? Provavelmente você se veste sem pensar nisso, sem pausa nem confusão.

É ou não é repouso e bem-aventurança sentir que as coisas se realizam sozinhas, em vez de ser um trabalho que *eu* tenho de fazer? Quando a finalidade desaparece na atividade, quando atividade e finalidade se mesclam perfeitamente, chamamos isso de "prática-realização". Não há critérios nem medidas, apenas fazemos o que precisa ser feito.

Podemos dizer que relaxamos numa vida sem propósito e sem objetivo. É claro que existem os aspectos práticos da vida, mas nossa vida cotidiana é seu próprio propósito. Podemos nos deixar simplesmente ser e simplesmente fazer, sem todas aquelas vozes inquietas.

Prática é realização, prática é iluminação. Não há outra iluminação.

◆ ◆ ◆

Como você está vivendo sua vida neste instante? Ela é interior ou exterior?

Ryudo: ontem e hoje

Não seja consistente.[35]

KOAN

Enquanto trabalhava no hospital para veteranos de guerra, Ryudo ouviu a seguinte conversa:
– Enfermeira, você deu os remédios da Mariah esta manhã?
– Sim, doutor, por que pergunta?
– Ontem ela estava calma e focada, mas hoje está realmente fora de controle!

REFLEXÃO

"Bom dia", digo a um colega de trabalho e recebo em retorno um largo sorriso. "Bom dia", digo novamente à mesma pessoa no dia seguinte, esperando o mesmo resultado. Mas desta vez meu colega de trabalho não sorri e começo a me preocupar: *Será que ele está se sentindo bem? Aconteceu alguma coisa? Fiz qualquer coisa errada?* Surge uma ansiedade sutil, uma contração, um leve recolhimento.

Se algo funcionou ontem, não deveria funcionar hoje também? Se o paciente estava bem ontem, não deveria estar bem hoje também? Mas mudanças e variações estão por toda parte, mesmo em experiências científicas submetidas a controles rigorosos. De fato, os cientistas agora sabem que os próprios atos de observação e medição de dados podem alterar resultados.

Queremos que as coisas sejam consistentes e previsíveis. A menor anomalia ou perturbação em nossa rotina — a falta de água quente na ducha da manhã, o cachorro que suja o chão, o ruído estranho no motor do carro quando você dá a partida — pode estragar inteiramente o dia. Você começa a procurar alguém ou algo no qual se agarrar, rezando para que continue como está e nunca mude: seu marido, sua esposa, seu filho, seu amigo, sua saúde.

Todos eles vão mudar.

Nossa resistência a mudanças, disse o Buda, é o maior fator por trás do nosso sofrimento — contemple isso por um instante. Como você se sente quando vê os filhos crescidos e prontos para sair de casa, seu trabalho mudando de maneira súbita, o comportamento de seu cônjuge diferente do habitual? Não lutamos com unhas e dentes contra surpresas e novas reviravoltas?

Meu marido teve um derrame seis dias antes de fazer setenta e sete anos. Ele tinha sido forte e saudável a vida inteira, mas o acidente vascular paralisou todo o lado direito de seu corpo, bem como a região da fala e outras funções cerebrais. Durante meses as coisas ficaram instáveis e imprevisíveis, ofuscadas por atividades e emoções intensas, e continuaram mudando o tempo todo. "Estou procurando o novo normal", dizia eu às pessoas, só que não havia como encontrá-lo. *Ontem ela estava calma e focada, mas hoje está fora de controle.*

"Não seja consistente", era o refrão budista favorito do meu marido. A vida não é consistente. Viver conforme nossas velhas rotinas é como viver sob uma tampa de vidro, não é verdade? Quando o vidro despedaça, irrompe uma brisa fria e, com ela, o áspero frescor de estar vivo. Gostamos tanto dessa sensação que imediatamente tentamos engarrafá-la, repetindo as mesmas ações e esperando os mesmos resultados, até o vidro quebrar mais uma vez e descobrirmos que não há novo normal.

Eu dependo do quê? Tudo que tenho e que sempre terei é o *agora*. Posso estar completamente presente neste momento, ou então entrar nas histórias em minha cabeça, mergulhar na lembrança de como as coisas eram, aborrecer-me com o quanto mudaram e ficar apreensiva sobre o futuro.

A professora budista Joan Halifax gosta de dizer, a respeito de seus retiros e workshops, que "o cronograma está sujeito à realidade". Podemos ter qualquer horário que nos aprouver, um regime diário de reverências, medicações e compromissos que permanecem os mesmos dia após dia, mas não está tudo isso sujeito à realidade? Não é verdade que tudo isso pode mudar?

◆ ◆ ◆

Você não é a pessoa com quem me casei, você não é a pessoa que conheci. Então me diga, quem é você?

Dra. Ann cai numa armadilha

> Quando você pensa que sabe, é uma armadilha.
> Quando você não sabe, é uma armadilha.
> Quando você vai além do saber e do
> não saber, é uma armadilha.
>
> Cuidado!

KOAN

Antes de entrar no quarto do novo paciente pela primeira vez, Dra. Ann leu seu prontuário médico. Chet tinha um câncer retal agressivo. Ele não estava respondendo aos tratamentos de quimioterapia e radiação, seus rins estavam obstruídos por tumores, e ele tinha voltado a morar com os pais porque sua esposa não podia cuidar dele. Ela imaginou um jovem revoltado com muita dor nos rins obstruídos. Como médica especialista, Dra. Ann decidiu que seu novo paciente estava pronto para os cuidados paliativos.

Ao entrar no quarto de Chet, Dra. Ann estava determinada a executar seu plano. Ela disse: "Bom dia, Chet, como vai você esta manhã?"

Chet deu um sorriso maravilhoso e respondeu: "Oh, muito bem, doutora, essa foi a primeira vez em meses que dormi a noite toda. Não tive de levantar para fazer xixi nem uma vez!"

Dra. Ann vivenciou uma mudança.

REFLEXÃO

Será que a conclusão de que você sabe exatamente o que é necessário em uma situação esconde o que está bem diante de seus olhos? Essa mentalidade de *eu sei o que fazer porque sou especialista*, ou *porque eu sei melhor do que você*, está profundamente arraigada — você está condicionado a saber. Saber pode cegá-lo para os sempre mutantes aspectos da vida, desenrolando-se sem cessar. O não-saber não é ignorância, é uma sabedoria que afirma a vida.

Quando o novo paciente da Dra. Ann deu-lhe um sorriso maravilhoso, dizendo que havia tido a melhor noite em meses, a vitalidade dele penetrou a mente de saber autoritário da médica. Naquele momento ela vivenciou o Chet vivo. Diga-me, o que significa saber alguma coisa? Para muita gente saber significa, com frequência, resolver uma situação em seus pensamentos e depois executar o plano. Você aborda situações e pessoas a partir de suas ideias sobre quem elas são e o que é necessário? O fracasso dessa abordagem é garantido e, no entanto, quando acontece, as pessoas ficam surpresas, frustradas e enraivecidas.

Saber isola e separa; não-saber nos situa em relação íntima e direta com os outros e com a própria natureza da vida. O não-saber suscita franqueza e escuta profunda, levando a uma conexão genuína sem a qual você pode forçar suas ideias noutras pessoas. É difícil se desvencilhar das agendas, tanto profissionais quanto pessoais, porque elas solidificam a sensação de quem você é — *eu sou especialista, posso arrumar isso, sei o que é melhor*. Quem eu sou é, de fato, permeável e nem um pouco fixo. Diante do *não sei* — ou mesmo de um ponto de vista diferente —, você é capaz de reconhecer que a amplitude de possibilidades se abriu e mais facetas da vida estão sendo reveladas? Ou será que finca os calcanhares na lama e na sujeira do que você sabe, insistindo que seu caminho é o certo e descartando os ingredientes vivos diante de si?

É um hábito comum, embora limitador, reduzir os outros a um conjunto de fatos, informações e opiniões. Esse tipo de conhecimento muitas vezes ignora emoções, intuição e outros aspectos do mistério da vida. Cada um de nós está vivo — somos um ser vivo! Você não é a ideia de alguém sobre quem você é; você é quem você é. Outras pessoas não são a sua ideia de quem elas são; elas são quem elas são. Olhos vendo, ouvidos ouvindo, nariz cheirando, língua provando, corpo tocando e mente atuando vivos — vividamente surgindo e fenecendo em movimento incessante.

São necessários muitos anos na almofada de meditação para ficarmos completamente abertos à vida como ela é — não como pensamos que é. Você pode ter tido vislumbres de não-saber, como no momento em que o sorriso de Chet rompe o plano da Dra. Ann, e ela experimenta uma mudança, um momento surpreendente de vitalidade, bem aqui, agora: *Quem está aí deitado na cama diante de mim com um grande, lindo sorriso no rosto?* A mente sabedora habitual rejeita logo tais percepções. Para Dra. Ann, no entanto, essa mudança virou do avesso seu funcionamento costumeiro, marcando o início de uma prática espiritual vitalícia do não-saber.

Aqui, agora, neste momento, você é capaz de repousar no espaço antes de qualquer opinião estar formada? Para encontrar o momento presente, descarte seu conhecimento.

◆ ◆ ◆

Demonstre a intimidade de não-saber. Mostre-me seu grande, lindo sorriso! Neste instante, apresente quem você realmente é.

Martin: o sofrimento do mundo

"Eu sou um refugiado! Sou um órfão! Uma criança sem teto!"

"O Buda estava certo, a vida é sofrimento!"

"Quem disse que estou sofrendo?"

KOAN

Martin perguntou: como eu paro o sofrimento do mundo?

REFLEXÃO

Martin é médico. Seus pacientes aguardam na antessala de manhã à noite para vê-lo, contar o que os aflige e obter tratamento para suas dores. Ele é também professor do Zen e recorda o velho tempo em que trabalhou num clássico koan: "Pare o som de um sino de um templo distante".[36] Foi então, diz ele, que percebeu a semelhança com o koan de sua vida: como eu paro o sofrimento do mundo?

Muitos de nós temos koans nessa mesma linha: Como eu paro o choro do meu filho? Como faço cessar meu próprio sofrimento e minha dor? Como posso parar as guerras, a miséria dos refugiados, a fome de crianças e a extinção em massa das espécies? E como deixo de ser dominado por uma sensação de impotência quando percebo que não consigo parar nada disso?

Nós nos preocupamos com o mundo porque *somos* o mundo. A Pietá, o Holocausto, o amor de Romeu e Julieta, a alegria de um cachorrinho e as milhares de galáxias no universo — essas coisas estão mais próximas de cada um e cada uma de nós do que nosso cérebro dualista pode conceber.

Normalmente não vivenciamos a nós mesmos dessa maneira, mas não teríamos intuições? De repente fico impressionado com uma obra de arte que vi pela primeira vez hoje, sentindo-a tão íntima e familiar como minha própria mão. Ou ouço um caso terrível de abuso e, nesse momento, ao sentir nojo e pena, vem uma sensação de *dejà vu*, de eu mesmo já ter vivenciado algo assim, seja como abusado, seja como abusador. Não estou falando de memórias reprimidas, mas da consciência de um forte e íntimo parentesco que não pode ser explicado pelas especificidades da minha vida.

Ao longo dos anos, ouvi de algumas pessoas que participaram em nossos retiros de testemunho em Auschwitz-Birkenau que o lugar lhes parece íntimo e familiar, como se tivessem sido prisioneiros ali muito tempo atrás. Essas pessoas não têm conexão de família com o que aconteceu naquele lugar, estão simplesmente relatando o que sentiram.

Você já se surpreendeu com os extremos emocionais que pode ter sentido em sua pequena vida? Não seria porque sua vida não é pequena, porque você pode estar muito consciente dos sentimentos e sensações que vão além dos rótulos de *minha* experiência, *minha* vida? Como faço para parar o sofrimento do mundo? Seja o mundo. Seja quem você realmente é.

Se você é médico, isso pode significar ouvir um paciente descrever a enfermidade dele como se fosse a *sua* enfermidade, a *sua* dor. De certa forma é. Para uma jornalista, pode significar dar voz a refugiados como se ela, não algum estranho, estivesse fugindo do terror e da violência. Para um salva-vidas na costa de Lampedusa, pode ser jogar-se nas ondas e salvar o filhinho de alguém num barco avariado vindo do norte da África porque é o *seu* filho. Para um recepcionista atendendo um candidato a emprego pode ser dar um sorriso encorajador e oferecer uma xícara de café, porque é isso que gostaria de receber se ele, e não alguém de fora, estivesse ali sentado esperando conseguir um trabalho.

Existe alguém de fora? Existem estranhos?

"Não resgatamos ninguém nas margens", escreveu o padre Greg Boyle, referindo-se aos membros de gangues do sul da Califórnia com quem trabalhou durante tantos anos. "Mas entenda bem, se ficamos nas margens, somos todos resgatados, sem a menor dúvida."[37]

Será que parar o sofrimento do mundo requer dinheiro, auxílio ou acalentar a ideia de que você quer ajudar as pessoas? Exige mudar para melhor quem está a seu lado ou, em vez disso, deixar que a vida o transforme? Em vez de entrar numa situação dependendo estritamente de seu conhecimento, com o plano de preparar, consertar e até curar, será que você é capaz de relaxar o suficiente para deixar a situação moldá-lo e transformá-lo? Você pode aceitar a porosidade de sua própria pele, a permeabilidade de sua mente? Consegue aceitar que mesmo as situações mais difíceis exigem uma qualidade de relaxamento e até de entrega, e confiar na vida como ela é, intocada por pontos de vista e interesses pessoais?

E não se esqueça: não há nada de pequeno em "pequenos atos de gentileza". Quem sabe aonde a menor ação de compaixão pode acabar levando? Quantas pessoas ela alcançará e quantas vidas mudará? Gostamos de pensar na grande ação — e no grande líder — capaz de mudar o mundo, mas, como dizia Taizan Maezumi Roshi, pequenas coisas não são pequenas.

Você passa por um morador de rua, se apresenta, sorri, e ele responde ardentemente: *Muito obrigado!* Isso é pequeno? Você ajuda uma garotinha perdida a encontrar os pais no shopping — isso é pequeno? Você põe sementes para os pássaros durante a fria estação do inverno — isso é pequeno?

O sofrimento do mundo é uma situação específica, não uma grande abstração. Ele nos intima a fazer *isso*, e *isso* e *isso*. Pede que ponhamos de lado o intelecto e tomemos atitudes concretas *agora*, *agora* novamente, e novamente *agora*.

◆ ◆ ◆

Alguém a interpela na rua e pede dinheiro. O que acontece nesse momento? Você tem consciência de medo, raiva, paralisia? Você fala com a pessoa ou caminha rápido para afastar-se dela? Quem está sofrendo? Você tem que saber o que fazer com antecedência? Existe outra maneira?

PERDA, DOENCA, VELHICE & MORTE

Robin: fruta verde

Se você realmente viveu,
Então já morreu muitas vezes —
Tique-taque, tique-taque, tique-taque,
Tique-taque, tique-taque, tique-taque!

KOAN

Por que a fruta cai da árvore antes de amadurecer?

REFLEXÃO

Parece que nossa hora chega, quer estejamos prontos ou não. Com dezoito ou com oitenta anos, estou em algum momento realmente pronto? Aliás, será que estou em algum momento realmente maduro? Qual é a sensação de *estar maduro*? É a de que realizei todos os meus sonhos, vivi uma vida feliz, ou envelheci com elegância ao lado de uma família amorosa? Ou, ainda, que todas as promessas do meu nascimento se cumpriram criativa e alegremente?

Por falar nisso, será que estou em algum momento realmente maduro para qualquer coisa — sair de casa, casar, ter um bebê, conseguir um emprego, arranjar outro trabalho, me aposentar, morrer? Temos nossa narrativa de vida: aconteceu isso, depois isso e isso e isso. Uma fase da vida segue a outra de modo agradável e previsível, cada fase nos tornando um pouco mais sábios, como uma pera que é verde no começo, ganha um tom rosado, depois cora, enrubesce e finalmente adquire uma cor avermelhada, pronta. Mas a vida não funciona assim; o que temos nesse sentido é nosso mantra usual: *pronto ou não, aqui vou eu!*

"Nenhuma criatura fica aquém de sua própria completude. Onde quer que esteja, não deixa de consumar a trajetória."[38] A vida acontece exatamente como deve ser. Você pode pensar que deveria ter sido dessa ou daquela maneira — ter sido maior, mais rico ou mais importante.

É triste ouvir alguém dizer que não viveu realmente, que teve a vida cheia de obstáculos: seus pais, sua educação, fracassos no trabalho, problemas em casa, promessas não cumpridas. Ou alguém depreciar a vida em geral: *Olha o que aconteceu com esse país! No meu tempo, os jovens não se comportavam assim!* Lamentamos nossa vida e desejamos que fosse diferente, como se pudéssemos trocar alguma coisa — mãe ou pai errado pelo certo, o cônjuge errado pelo certo, uma boa escolha em vez da má escolha feita anos atrás — nossa vida seria muito mais feliz. Seria mesmo?

"[S]e um pássaro ou um peixe tenta alcançar o limite de seu elemento antes de passar dele, esse pássaro ou esse peixe não encontrará seu caminho ou seu lugar. Ao alcançar esse lugar, a vida diária de alguém é a realização da realidade última."

Assim como o peixe e o pássaro, nenhum de nós jamais investigará esta terra inteira. Nenhum de nós jamais viverá todas as possibilidades já encontradas nem reviverá as muitas escolhas feitas de momento a momento. Se tentarmos, então, assim como os peixes e pássaros, não encontraremos nosso caminho ou lugar. E onde o encontramos? Em nossa vida cotidiana, no momento presente.

O que seria necessário para aceitar plenamente os desdobramentos de nossa vida e vivê-la com satisfação — sem pensar que deveria ter sido outra coisa nem deixar que outras pessoas nos digam isso?

Entregar-se à vida traz imensa riqueza e profundidade. O mestre Zen Kosho Uchiyama escreveu:

> *Todos nós estamos sempre vivendo o*
> *"momento presente"*
> *a profundidade do momento presente*
> *Mesmo quando não sabemos e estamos*
> *cegos para isso*
> *a profundidade do momento presente*
> *nos abraça como*
> *momento presente.*[39]

Comer uma maçã, passear com o cachorro, cortar legumes para sopa, arrumar a cama — todas essas atividades nos envolvem totalmente, quer as vivenciemos ou não. Portanto, não seria melhor vivenciá-las? Como escreve Ben Connelly, "inúmeras coisas insondáveis estão fora de seu controle, mas você sempre tem a oportunidade de dedicar a este momento sua melhor intenção, plantando assim sementes de felicidade, gentileza e bem-estar para todas as coisas".[40]

Podemos reclamar e sofrer; podemos passar nossos dias em arrependimento. Ou podemos apreciar essa oportunidade inacreditavelmente rara que nos foi dada pelo nascimento, resultado de inumeráveis eventos e processos se desenrolando ao longo de bilhões de anos. Somos ou não, ao contemplar isso um pouquinho, engolfados por um espanto que nos torna humildes e libera tudo ao mesmo tempo?

"Este corpo não pertence a você nem a mais ninguém", disse o Buda.[41]

Então, que coisa é essa chamada de *minha vida*? É apenas algo primordial que começa no nascimento e termina na morte? Poderia também ser o *agora* manifestando-se aqui em nossos corpos instantaneamente, sem começo nem fim, como dádiva inimaginável? É o corpo da libertação. Nosso único caminho para a libertação é nosso modo de andar, de falar, de meditar, de estar com todos; não há outro.

Será que, trabalhando diligentemente com este corpo, com nossa vida como ela é, podemos dar o melhor de nós?

◆ ◆ ◆

Que arrependimentos você tem do passado? Você acha que desperdiçou sua vida? Em seu breve tempo de vida, vivida plenamente e com gratidão momento a momento, há desperdício ou não?

Karen: a velha encontra um peixe

> A melhor coisa é não dar medo.
> Como? Não tenha medo.
> Como? "Sem obstáculos da mente.
> Sem obstáculos, logo sem medo."[42]

KOAN

Uma noite, Karen teve este sonho:

Uma jovem saiu pelo caminho e encontrou um lobo. O lobo, de olhar ameaçador, sorriu e rosnou. A jovem saiu correndo.

Essa mesma jovem, agora mãe, novamente saiu pelo caminho e apareceu um urso, berrando e batendo no peito. A mulher se manteve firme e cumprimentou o urso, que saiu correndo.

A mesma mulher, agora de cabelos grisalhos, aproximou-se da vastidão azul do mar e viu um lindo peixe. Mas, quando pôs a mão na água para tocá-lo, ele se tornou um dragão flamejante a rugir com ferocidade, erguido sobre ela com dentes afiados e espinha de aço. "Ah, professora!", disse ela suavemente. Com essas palavras, o dragão verteu lágrimas de sal.

REFLEXÃO

Karen acrescenta: *nos meus tempos de menina, eu passava horas à beira-mar, imaginando as ferozes criaturas selvagens que viviam no oceano. Agora, eu nado com elas.*

Uma das coisas maravilhosas — e às vezes nem tanto — sobre envelhecer é ver que nos tornamos a própria coisa que um dia temermos ou odiamos, não é verdade? Gritamos com nossos filhos e logo em seguida vem a percepção de que estamos nos comportando como a mãe ou o pai que juramos que nunca seríamos. Antigos temores e pesadelos nos atormentam. Alguns de nós temos medo do escuro mesmo depois de velhos, ou então revivemos o abuso que pode ter acontecido quando éramos crianças. Outros parecem carregar medos das gerações anteriores: a morte de um amigo no campo de batalha, uma catástrofe familiar, *pogroms* e uniformes nazistas marchando em passo de ganso. Some-se a isso termos agora também o medo de ficar doente e envelhecer, de estar sozinho, de ser o único ainda vivo.

Uma vida inteira de medo.

É natural querer fugir, mas se tudo é um, então somos luz, sombra e tudo o mais. Sendo assim, de que sombras escapamos? Para que luz nós corremos? O dia inteiro me oferece respostas a essas questões. Olho da minha janela e vejo folhas caindo durante o outono: fico ansioso com esses sinais sazonais de declínio e morte? Trabalho menos do que antes e sou atacado por apreensões: será que eu sou bom e valioso o suficiente? Alguém vai se importar? Esses são os monstros que viveram em nosso sótão por muitos anos. É possível ter curiosidade em vez de medo? Serei capaz de ouvir profundamente o que a vida está me apresentando?

À medida que envelhecemos, vamos perdendo muitas de nossas defesas porque não temos força e energia para mantê-las. O que acontece então? Se não tivermos trabalhado com os aspectos selvagens e terríveis de nossas vidas, podemos nos tornar mais frios e congelados do que nunca, maldosos e amargos. Será que não percebo, ao trabalhar com eles, que sua essência, como a minha própria, é pura energia? Quando me contraio e viro as costas, estou também me afastando de importantes fontes de energia para minha vida.

Para os nativos americanos, os animais, inclusive escorpiões, cobras, lobos e ursos, são espíritos que ajudam as pessoas. Quando praticamos devotadamente, será que temos ou não vivido, com suficiente sinceridade e coragem, a experiência de nós mesmos como um círculo de vida que inclui lobo, urso, peixe e dragão? Há menos ícones e pedestais, e também menos inimigos. Nas palavras de T. S. Eliot:

> *Não cessaremos de explorar*
> *E o fim de toda a nossa exploração*
> *Será chegar aonde começamos*
> *E conhecer o lugar pela primeira vez.*[43]

Como seria conhecer pela primeira vez o lugar por onde começamos?

Um pouco como o herói da *Odisseia* de Homero, saímos de casa, amamos, disputamos, lutamos com monstros, enfrentamos tentações e situações impossíveis, perdemos entes queridos, perdemos o rumo e, se tivermos sorte, voltamos finalmente para casa. Não podemos vivenciar a velhice como o voltar para casa, finalmente? Embora nossa pele esteja mais enrugada, não nos sentimos mais confortáveis nela? Mesmo quando nossos ossos doem, não é verdade que aprendemos os limites das coisas? Não sentimos nossos pais profundamente dentro de nós porque agora temos a idade deles? E não enfrentamos erros — nossos e de outros — com mais equanimidade agora, percebendo que talvez não tenha havido erro algum?

Agora sabemos que o lobo, o urso, o peixe e o dragão que enfrentamos somos nós. Finalmente estamos de bem com todas as nossas formas e modalidades, sejam elas a criança, o adulto, o velho ou a velha.

Posso conhecer hoje esse lugar? Posso conhecê-lo todos os dias? Tenho de esperar até acumular a sabedoria da velhice? Há uma maneira de conhecê-lo e reivindicá-lo neste instante, e você já sabe como. Você pode encontrar o urso, o lobo e o dragão com uma mente de principiante em qualquer idade. Será que curiosidade, franqueza e otimismo pertencem apenas a crianças, ou estão disponíveis para nós a qualquer momento, mesmo agora?

◆ ◆ ◆

Que animais perigosos você encontrou na sua jornada? Está com medo deles agora também? O que mudou? Em vez disso, novos medos surgiram?

Jitsujo: trabalho duro

> Inspirar, expirar.
> É difícil, é fácil?
> Quando chega a hora de morrer,
> A respiração para por si só.

KOAN

Jitsujo estava com o pai no quarto do hospital quando a máquina ligada a ele passou a apitar desenfreadamente. Notando sua dificuldade em respirar, ela firmou as próprias mãos no peito do pai, olhando-o nos olhos, e se perdeu por completo na respiração dele: ahhhhh... uuuuuuu... sem parar, em perfeita harmonia.

De repente o pai dela disse: "É trabalho duro, não é?"

REFLEXÃO

Estar com uma pessoa que está morrendo, especialmente quando é seu pai, é um trabalho emocional difícil. À beira da cama, em plena atenção, você escuta com seu ser inteiro ao que vai se desdobrando à sua frente, momento a momento. Sua respiração pode entrar em harmonia tão profunda com a da pessoa que está morrendo que, ao primeiro sinal de dificuldade, espontaneamente você pula para ajudar a pessoa a respirar. Foi assim para Jitsujo.

Respirar é misterioso. Que respiração é essa que seu corpo inala e exala momento a momento? Professores do Zen dando instrução aos alunos, dizem: "Ao inspirar, inspire o universo inteiro. Ao expirar, expire o universo inteiro. Seu corpo inteiro respira, o universo inteiro respira, apenas respire dessa maneira".

Neste momento, como você está respirando? Onde sua respiração começa? Onde termina? Um Ancestral disse: "A respiração adentra o corpo, mas não há lugar algum de onde ela vem. A respiração deixa o corpo, mas não há lugar algum para onde ela vai. Portanto, não é longa nem curta".[44] Não é só o nariz ou o pulmão que respira, é o corpo inteiro. Cada poro de seu corpo está respirando essa respiração contínua. Apenas inalando! Apenas exalando!

Quando Jitsujo viu a dificuldade de seu pai para respirar, entrou em ação e sincronizou sua respiração com a dele. *Ahhhh* — inspirando, *uuuuuu* — expirando, repetidamente. Dessa maneira mais íntima, a respiração deles se tornou una. Partilhar a respiração afirma sua conexão fundamental com outra pessoa.

Quando meu bom amigo estava morrendo, nós em torno dele estávamos tão atentos à sua respiração que, na hora do seu último suspiro, todos nós, em uníssono, inalamos, ficamos juntos de respiração suspensa e o acompanhamos na exalação final. Foi como se todo o universo estivesse fazendo uma única respiração — estávamos todos sendo inspirados e expirados juntos.

Quando seu corpo funciona sem problemas, você não está consciente desse funcionamento: as células do cérebro disparam, o sangue flui, o coração bate, os pulmões se expandem e se contraem a cada respiração. Mas quando você tem uma condição pulmonar crônica ou está morrendo, como o pai de Jitsujo, há maior consciência da respiração. O que antes era uma segunda natureza, de repente exige muito esforço.

Na meditação, a respiração harmoniza todas as partes do próprio ser. Quando você medita com outras pessoas, a respiração de todos se harmoniza sem esforço e tece a teia de quem somos juntos. A cada respiração, você está tecendo e sendo tecido com o universo inteiro. Dessa forma, você, a grande Terra e todos os seres estão sustentando a vida uns dos outros. Todos estão respirando ar, todos estão inalando e exalando juntos. Aprenda a respirar bem, harmonizando com a contração e expansão naturais do grande ritmo da vida. Então me diga, como está recebendo a respiração dos outros? Do universo inteiro? De nascimento e morte?

O pai de Jitsujo disse: "É trabalho duro, não é?" No momento em que a morte estava próxima, com essas palavras ternas, o pai expressou seu amor por ela. Você não pode morrer por mim, eu não posso viver por você, mas aqui, neste instante, esta mesma respiração é compartilhada intimamente. Que tal?

É trabalho duro, não é?

◆ ◆ ◆

Como a respiração contínua única está se manifestando neste instante?

Shunryo: a fralda da minha mãe

> Sou filha da minha mãe; sou mãe da minha mãe.
> Uma coisa é mais verdadeira do que a outra?
> O rótulo de dual ou não-dual
> Só adiciona resíduo ao que você já carrega.

KOAN

Depois de eu atuar dois anos como principal cuidadora de minha mãe, ela começou a precisar de fraldas para adultos, adaptando-se a elas sem comentário. Para mim, o primeiro ritual da manhã, de sentar na beirada da banheira, olhando mamãe sentada no vaso sanitário descer suas calças e fralda inicialmente até os joelhos, depois retirá-las de cada pé, tornou-se uma meditação.

Qual é o peso da fralda da minha mãe?

REFLEXÃO

Durante doze anos, ao longo de minha adolescência e início da idade adulta, minha mãe foi internada por conta de doença mental. Ela era autodestrutiva, com múltiplas tentativas de suicídio, cortando-se e tentando quebrar os próprios ossos, batendo-os com força contra qualquer superfície dura que pudesse encontrar. Alternava entre o silêncio circunspecto, ameaças em voz grave e a fúria to-

tal. Thorazine, tratamento contínuo com antidepressivos, eletrochoque e anos de psicanálise na melhor instituição da Pensilvânia, nada disso ajudou. Quando mamãe tentou vir para casa, disseram que nunca a perdêssemos de vista, caso ela tentasse comprar lâminas ou pílulas ou fazer algo drástico.

Quando ela voltou para a instituição, fomos chamados para uma reunião de família. O psiquiatra de mamãe convenceu-a a revelar que não teríamos mais permissão de sair com ela sozinha. "Às vezes tenho vontade de matar vocês."

Minha mãe sofreu profundamente e perpetrou muito sofrimento contra os filhos. Meu irmão e eu quase morremos várias vezes, cada qual combatendo seus próprios vícios. Sendo agora sua principal cuidadora há cinco anos, com meu irmão tentando ajudar de longe, acabei consciente do meu amor por minha mãe pela primeira vez em anos.

O que é passado? O que é presente ou futuro? Quando pensamos que algo já aconteceu, concluímos que não há mais nada que possamos fazer a respeito, passado é passado. Ver tudo como agora, acontecendo e se manifestando simultaneamente, dá um significado diferente às minhas ações. Percebo que nada é dito e feito de uma vez por todas, tudo é afetado dinamicamente por todas as outras coisas; portanto a ação que pratico agora é muito importante.

Diga-me, de quem é essa fralda, afinal? De minha mãe? De minha avó? Minha?

Cuidar de uma pessoa que pode ter machucado você transforma sua vida de maneiras inimagináveis, não é verdade? Reflita que essa pessoa é que lhe deu vida. Ela carregou você dentro de seu próprio corpo, passou pelas dores do parto para você nascer, deu-lhe alimento e cuidado quando você não podia fazer isso por si só.

Isso quer dizer que essas pessoas tinham as habilidades parentais que esperamos hoje em dia? Que tinham conhecimento, amor e até sanidade? Que talvez não tenham enfrentado intensas batalhas na vida?

Uma mulher foi a primeira da família a receber ensino superior. Quando entrou na a faculdade, a mãe lhe disse: "Por favor, não volte para nos analisar".

Será que podemos entender que nossos pais são pessoas com identidades próprias, além de serem *pais*, e que na verdade estamos em suas vidas apenas por um tempo relativamente curto? Ver isso não permite largar a identidade de filho ou filha, libertando você e seus pais para serem adultos?

Quando nos tornamos os que agora cuidam de nossos pais idosos, parece estar acontecendo uma inversão de papéis, o que para muitos é um momento difícil. A atenção que você recebeu ou não quando criança, o carinho e amor que foram ou deixaram de lhe ser dados, tudo isso vai agora para os pais que um dia você amou além de qualquer medida, odiou além de qualquer proporção ou tudo entre um extremo e outro. Muita coisa passa por nossa mente: histórias, memórias, vinhetas, cenas de infância. O que atrairá você de volta ao presente? *Qual é o peso da fralda da minha mãe?*

Uma vez foi a sua fralda, agora é a da sua mãe ou do seu pai, mas é sempre uma fralda. Sinta o peso, sinta o cheiro, ajude a colocá-la e tirá-la, certifique-se de que há uma nova a seu alcance. Seus papéis mudaram, tudo parece diferente. Mesmo assim, há sempre uma fralda sendo trocada, o ato de manter limpo, de cuidar do corpo. De quem é o corpo? Quando troco fraldas, também mudo o mundo e participo da tarefa incessante de cuidar do Corpo Uno. Existe algum outro corpo?

As tarefas mais mundanas, feitas com atenção, tornam-se sagradas. Colocar fraldas nos pais pode se tornar um sacramento. Mesmo se coração e mente estiverem noutro lugar, mesmo subsistindo neles velhas irritações e ressentimentos, suas mãos já estão começando o trabalho, limpando e cuidando, socorrendo os velhos e cansados corpos de seus pais. Um dia você se senta na beirada da banheira, larga velhos pensamentos e lembranças, dá atenção à tarefa de trocar fraldas e percebe que o trabalho de cura já começou.

Toda noite eu costumava passar pomada no braço e ombro direitos e na mão e perna direitas do meu marido, afetados por derrame cerebral. Lentamente, a pomada amarela escorria entre os dedos e sobre a pele pálida e fina. Diga-me, de quem era o corpo que eu estava cuidando? O dele? O meu? O de Buda?

◆ ◆ ◆

Quando os pais aparecem, quem cuida de quem? Quão apegada você está em ainda ser a criança? Você pode ainda ser criança em histórias e memórias, mas onde está você, a pessoa adulta?

O corpo de Greg

"Você é velho?"
"Acho que sou."
"Você vai morrer?"
"Acho que vou, mas não ainda."
"Não se preocupe, fará isso muito bem."

KOAN

Greg lutara por décadas com o transtorno de estresse pós-traumático, desde que tinha sido apunhalado com uma faca de 23 centímetros na década de 1960, aos dezesseis anos. Trinta e cinco anos depois, quando a prática de meditação e o tratamento psiquiátrico finalmente começaram a parar os horríveis *flashbacks* que o atormentavam por tanto tempo, o médico de Greg disse que ele tinha câncer terminal e morreria dentro de um ano.

Ao ouvir esse diagnóstico, Greg perguntou: "O que será do meu corpo?"

REFLEXÃO

Quando ficamos doentes, percebemos que não somos tão importantes. Há projetos a avançar, prazos a cumprir, famílias a atender, e em vez disso temos de ficar na cama e descansar. Mas o mundo não para, o trabalho encontra um jeito de continuar, ou não. Em casa, as crianças podem ficar desapontadas, mas seguem também com a vida delas.

Somos como flocos de neve, altamente individualizados e requintadamente concebidos, já derretendo ao tocar o chão.

O que será do meu corpo? De fato, quem é e o que é esse corpo que desbota e enfraquece, fica pálido, não quer se levantar de manhã, dói, perde o apetite, olha durante horas pela janela, acha difícil se concentrar em coisas simples, sente calor, sente frio, sofre ataques de dor, não consegue dormir, torna-se debilitado? Eu *sou* este corpo?

Uma vez, esse corpo foi bom pai ou boa mãe, o provedor bem-sucedido, o que pretendia ser músico ou pintor, o corredor disciplinado, o homem ou a mulher sensual que às vezes se sentia no topo do mundo. Agora esse corpo não é capaz de se alimentar e manter-se limpo; evoca expressões de pena no rosto das pessoas e é ignorado por funcionários de um lar de idosos ou hospital. Suas preferências alimentares não podem ser satisfeitas, suas belas roupas são substituídas por batas de hospital, a independência da qual se orgulhava se foi como chuva de ontem, e uma autoimagem após outra cai no cesto de lixo da irrelevância.

O que é esse corpo? Quem sou eu?

Essas tinham sido as perguntas de Greg não apenas uma vez, mas ao longo da vida inteira. Naquela vida, ele parecia ser continuamente surpreendido. Não é assim também para muitos de nós? Você trabalha duro a vida toda, esperando uma aposentadoria tranquila, apenas para receber más notícias de seu médico. É uma dificuldade atrás da outra — sua mãe está doente, seu marido é demitido do emprego, um incêndio destrói sua casa — e ainda assim você se convence de que há luz no fim de cada túnel e tudo vai acabar bem. A verdade é: nunca se sabe.

Dar testemunho nunca tem fim. Um dia seu coração não se partirá, você diz a si mesmo. Você não vai mais sofrer; finalmente alcançará a equanimidade, graças à sua profunda prática de meditação, como se Nirvana fosse um estado de torpor no qual nada dói, nada coça, e você carrega um sorriso no rosto dia após dia.

Ou então você procura resolução. Um dia isso ficará claro, tudo fará sentido, e você poderá contar a história de como tudo aconteceu e o quanto você aprendeu e compreendeu no final da sua vida. *Um dia, um dia*, como o rabino Shlomo Carlebach adorava dizer. Passamos muito tempo criando essas histórias.

Às vezes pensamos ter encontrado o significado da nossa vida ao subir uma montanha, num poema ou durante um retiro, quando emerge um profundo senso de clareza e equilíbrio que acreditamos que nada, mas nada, jamais voltará a perturbar. Mas no dia seguinte aquela narrativa ou significado tão difícil de conquistar já não parece relevante, e voltamos às velhas perguntas: então, quem sou eu? O que vai acontecer ao meu corpo?

O Buda não abordou questões sobre o que acontece depois da morte. Ele veio de uma cultura indiana que acreditava na reencarnação, mas os ensinamentos do Grande Médico concentraram-se no sofrimento e na delusão: como surgem e como podem terminar. Mas no *Sutra do Lótus*, um dos mais famosos sutras budistas, o Buda diz que vem ensinando as pessoas a despertar há milhões de anos, embora historicamente isso gire em torno de dois mil e quinhentos anos: "Para salvar seres vivos, como método eu pareço entrar no nirvana, mas na verdade não passo à extinção, estou sempre aqui, pregando a lei".[45] Devido às delusões, as pessoas não o veem, mas quando chega a hora, e os seres que sofrem anseiam por seus ensinamentos, ele reaparece para novamente ensinar.

Como isso é possível? O Buda foi um veículo de ensino e transformação. Ele morreu aos oitenta anos, mas continua sendo esse veículo muitas gerações depois. O corpo dele foi cremado, mas qual era sua essência e para onde foi? Cada um de nós não é um veículo de transformação?

Era isso que Greg estava perguntando, e talvez muitos de nós também estejamos. Uma vez que nossos corpos partem, o que acontece? Há muito que não sabemos, mas uma coisa é clara: o resultado de nossas ações continua. Buda, Cristo, Maomé, Moisés e o Pacificador Iroquês, todos eles viveram e ensinaram por um tempo relativamente curto, mas os efeitos dessas vidas continuam a ressoar em todos os lugares.

O valor de nossas ações é imensurável e transcende nossa vida humana. Temos que estar entre os grandes professores do mundo? A qualquer momento, ficamos diante de uma criança precisando de botas para o inverno, um animal atropelado por um carro na estrada, alguém precisando de ajuda para pagar o aluguel ou conseguir um emprego. Será que nossa resposta não continua viva, e não apenas em nossa vida, mas também na de nossa família, nossa comunidade e no mundo?

◆ ◆ ◆

Você está preocupada com o futuro? Se está, qual é a sua prática agora? Para onde irá o seu corpo?

Kanji: uma boa morte, uma morte ruim

> Como viver de acordo com
> os ensinamentos do Buda?
> Nasça e morra a cada dia.

KOAN

O pai de Kanji, fraco, mas ainda alerta, estava morrendo em um quarto de hospital. Kanji esperava dar a ele o presente final de uma boa morte. Os dois se abraçaram, beijaram e disseram que se amavam. Kanji disse a si mesmo: *Essa é uma boa morte.*

No dia seguinte, depois que seu pai ficou inconsciente, ofegando para respirar, outros membros da família sentaram-se perto da cama conversando sobre notícias e futilidades, rindo e compartilhando histórias irrelevantes. Kanji disse a si mesmo: *essa é uma morte ruim.*

Naquela noite, todos deixaram o quarto, exceto Kanji e sua mãe, que, exausta, dormia numa cadeira ao lado da cama. Kanji passou a noite acordado, segurando a mão do pai e sussurrando palavras de conforto a seu ouvido. Kanji pensou: *essa é uma boa morte.*

No dia seguinte, seu pai estava em coma. Kanji ficou perto da cama de hospital, ouvindo outros membros da família conversar. De repente, o pai gritou — um gemido de agonia, rosto crispado de dor, corpo arqueado e rígido em sofrimento intenso. Então ele ficou quieto. O monitor cardíaco caiu para zero.

Kanji vivenciou uma abertura.

REFLEXÃO

Às vezes as pessoas pensam que a espiritualidade suaviza as coisas, torna bom e ruim igualmente toleráveis, agradáveis até. Ou então que ela nos leva para além, para algum espaço sagrado e transcendente. Escondemo-nos por trás de conceitos como unicidade, vazio e iluminação; falamos sobre o mundo do espírito.

Isso não se destaca da forma mais surpreendente no momento da morte? A morte nos assusta mais do que qualquer coisa. É nessa hora que usamos palavras e frases como: *ela deixou seu corpo, ele foi para a outra margem, ela deixou este reino da existência, agora ele está no céu, ela foi para o lado de Deus*. Na maioria das vezes, o trabalho de descartar o corpo é feito por terceiros: agentes funerários para lidar com o corpo, produtos químicos para esconder a desintegração e disfarçar o cheiro, operadores de crematório para queimar o corpo ou coveiros para enterrá-lo.

Em um serviço memorial Zen-budista, invocamos o *vasto oceano de luz deslumbrante e passagens tranquilas de grande calma*, mas a experiência real parece muito diferente, não é verdade? Há cheiro de doença, medicamentos, urina e desinfetante. Há gemidos e bracejos, ou uma névoa induzida por morfina dissipando-se em inconsciência ou coma.

Existe alguma maneira de tornar a morte arrumada ou limpa? Será que podemos antever como ou quando a morte virá, seja em um acidente de carro, um súbito ataque cardíaco, uma doença prolongada, violência ou velhice? Seja o que for, a morte é uma vitrine para exibir quão vulneráveis somos, presos à vida só pelos fios mais tênues, e quão inexorável e inevitável o fim de nossa vida realmente é. Ninguém, nem o filho ou a filha mais amorosa, nem o melhor médico do mundo, pode nos salvar disso.

À medida que cada vez mais voluntários colaboram em asilos, cuidando de moribundos, ouvimos cenas do leito de morte cheias de paz e amor, sem angústia, dor, arrependimentos ou luta, e pensamos: *isso é o que eu quero para mim, para meus entes queridos e meus amigos. Eu quero uma boa morte.* Fazemos preparativos, escrevemos sobre os cuidados médicos que desejamos ou não no final da vida, designamos procuradores para cuidar de nossa saúde. Pensamos sobre como gostaríamos de morrer — que orações ou passagem de livros devem ser recitadas, que música deve ser tocada — e discutimos isso abertamente com nossas famílias e entes queridos.

Mas no final o monitor cardíaco cairá para zero. Os relacionamentos que dependeram desse coração terminarão, assim como o pensamento e o planejamento que dependeram de nosso cérebro. Já que não sabemos como isso acontecerá, os preparativos que fizemos podem ser eficazes ou não. Podemos ter desejado todos os membros da família à nossa volta, mas nossa morte é tão rápida que apenas os socorristas estão ali. Podemos ter decidido não tomar medidas extraordinárias para prolongar a vida, não comer ou beber, e no fim mudar de ideia.

Não posso controlar os termos de minha morte, mas como vou encará-la? Aliás, será que posso rotulá-la de *boa* ou *ruim*?

Um amigo meu, psiquiatra e praticante Zen de longa data, estava num lar de idosos no seu nonagésimo primeiro ano de vida e resmungou: *por que está demorando tanto para eu morrer?*

A morte é simples — e sagrada —, além das palavras.

Uma nova jornada começa e termina num piscar de olhos, seguida de outra e outra mais, pois a cada momento você morre e renasce. Consideramos este momento bom, aquele ruim e um terceiro, indiferente. Não é o mesmo que dizer que esta vida é boa, outra é melhor, e a próxima nem tanto? A mudança é perpétua, mas a conexão também é. Nós inspiramos o ar, expiramos novamente, e o ar que exalamos, outras pessoas na sala o inalam, enquanto respiramos o ar que elas acabaram de expelir dos pulmões. Tanta coisa nos conecta o tempo todo.

Não importa o que ou quanto eu sussurre para meu pai moribundo, a conexão básica foi feita há muito tempo. Os elementos de sua vida estão entrelaçados com os meus e os meus com os dele. Portas se abrem e se fecham constantemente; mudança e conexão são parte inextricável de cada momento.

"As relíquias de Buda são corpo e mente", cantamos em um serviço memorial. Alguma coisa realmente se foi?

Segurarei a mão dele, darei a ele um copo d'água e passarei uma toalha úmida em seu rosto quente. O cântico memorial diz: "Vasto oceano de luz deslumbrante, marcado pelas ondas da vida e da morte; a passagem tranquila de grande calma incorpora a forma de novo e velho, vindo e indo. Devotadamente aspiramos à verdadeira compaixão".

Diga-me, o que é verdadeira compaixão?"

❖ ❖ ❖

Pense em quando você estava ao lado de alguém que morreu. Foi uma morte boa ou ruim? Na opinião de quem? O que a tornou uma coisa ou outra?

Enju: o infinito abismo negro

Aaiiiiiieeeeeeeeee!
Quando o grande grito
Ressoa por todo o universo,
Junte as palmas das mãos e incline a cabeça.

KOAN

O marido de Enju e o filho único deles, Seth, de treze anos e meio, estavam visitando os avós de Seth na Flórida. O marido dela voltou para casa mais cedo e, quando chegou a hora de Seth voltar alguns dias depois, ele embarcou em seu voo. A caminho de casa, o avião caiu em Denver. Seth morreu.

Sobre essa ocasião, muitos anos depois, Enju diz: "Abriu-se um infinito abismo negro, e uma força enfiou minha cabeça nele. Mergulhei numa escuridão que está sempre aqui, mas você não precisa se conectar com ela, se tiver sorte".

Sua mestra disse: "Enju, tem um Bodisatva Jizo no jardim que precisa de uma capa nova".

REFLEXÃO

Uma perda devastadora. Uma dor insuportável. Um golpe que destrói você completamente. Há pequenas mudanças na vida que são facilmente negociáveis, e há súbitas comoções catastróficas de tal magnitude que a vida que você conheceu não existe mais. A perda nos consome.

O Buda viu que tudo está em fluxo constante. Meu professor, Maezumi Roshi, gostava de dizer que "estamos nascendo e morrendo seis bilhões e meio de vezes a cada vinte e quatro horas".[46] Então ele perguntava: "Como você pode viver uma vida assim? Apesar disso", respondia, "você a *está* vivendo". Essa transitoriedade é chamada de nascimento-e-morte. Mestre Dogen escreve que nascimento e morte são a vida do Buda. Meu professor do Zen ensinou que essa vida tem dimensões diferentes: existe o nascimento-e-morte convencional, em que nascemos um dia, estamos vivendo agora e um dia morreremos; há o nascimento-e-morte espiritual, em que o egocentrismo diminui e a mente desperta vem à tona; e existe o nascimento-e-morte de cada momento. A jornada do luto engloba todas elas.

Kisagotami viveu na época do Buda. Quando seu filhinho morreu, ela ficou louca de dor; carregando o pequeno cadáver até Buda Shakyamuni, implorou para que ele trouxesse a criança de volta à vida. O Buda, compassivo e sábio, disse: "Primeiro, traga-me uma semente de mostarda de um lar que não conheceu a morte". Kisagotami carregou o filho morto de casa em casa em seu vilarejo, esteve entre pessoas que ela sem dúvida conhecia e que a conheciam também. Convidaram-na para entrar e ofereceram-lhe chá, reconhecendo seu sofrimento. Sem encontrar uma casa que não houvesse conhecido a morte, ela começou a aceitar que a morte é o que é. Você sabe disso, e ainda assim não entende muito bem até acontecer com seu filho, alguém próximo de você ou você mesmo.

Você espera que as coisas sejam de certa maneira, em vez de como realmente são: uma criança morre antes dos pais; seu próprio cônjuge morre antes de você. De fato, você não espera ter de repente uma doença grave, perder sua principal fonte de renda ou ver sua casa e seus pertences, juntados ao longo de uma vida inteira, consumidos em um incêndio. Os tipos de perda que você pode sofrer são inumeráveis. Pode perder até a razão, como Kisagotami. Não é esse um dos seus maiores medos — o desenrolar da narrativa da sua vida?

A morte de uma criança é uma perda arrasadora que ninguém deveria jamais ter de suportar. As pessoas, no entanto, passam por isso. Quando um coração se despedaça dessa forma, existe apenas *isso*, e palavras dolorosamente difíceis de pronunciar. Há também o poder curativo do carinho. Enju e o marido foram cercados por bons e carinhosos amigos que lhes deram apoio através de incontáveis atos de bondade. Primeiro, em todas as numerosas tarefas imediatas que precisavam ser executadas. Depois, na continuação da vida, momento a momento, um pé na frente do outro. Com o passar do tempo, um amigo apresentou-os a um rabino, que durante muitos meses sentou-se com Enju e seu marido, acolhendo-os exatamente como eram e ouvindo profundamente a sua dor.

Você é capaz de dar ouvidos ao sofrimento de outra pessoa, sem julgamento? Ter quem lhe sirva de testemunha é crucial para a cura, em todos os níveis. A cura de Kisagotami provavelmente começou quando os vizinhos a convidaram a entrar em suas casas e testemunharam sua dor. O bom rabino não deu as costas a Enju e seu marido, casal que ele não conhecia anteriormente. Você tem a capacidade de ouvir tanta dor sem nenhum julgamento, quando ser a pessoa que escuta põe à prova todos os seus limites?

O luto tem sua própria força feroz; não há maneira certa ou errada de elaborar o luto. Mesmo no seio de uma família, a jornada de luto de cada pessoa é unicamente dela. Como você convive com esses ritmos individuais de sofrimento, quer se manifestem para você ou para alguém que você conhece?

Enju disse: "abriu-se um infinito abismo negro, e uma força enfiou minha cabeça nele." O que é esse infinito abismo negro? Que lugar é esse de infinita escuridão sem fundo, essa força vital implacável que nos reconduz à nossa essência? No Zen, o esvaziamento do eu é chamado de Grande Morte. Trata-se de uma morte espiritual, experiência de desintegração do ego na qual existe apenas o infinito atemporal. O mestre Zen Keizan Zenji, descrevendo sua própria experiência, disse: "uma bola negra percorre a noite negra".[47] Lembro-me de um dos meus professores dizendo: "lugar nenhum, ninguém".

A própria Enju disse: "mergulhei numa escuridão que está sempre aqui, mas você não precisa se conectar com ela, se tiver sorte". A perda de um filho gera uma rendição imensa, que pode levar a profunda abertura e vulnerabilidade. Em seu livro *Bearing the Unbearable* [*Suportando o Insuportável*], Joanne Cacciatore escreveu: "Embora o pesar pela morte de uma pessoa amada dure a vida inteira, se formos capazes de permanecer honestamente perto de nossa ferida original, estando com ela e nos rendendo a ela, podemos experimentar uma espécie de transcendência, uma transfiguração".[48]

Um koan antigo pergunta: "Como é quando alguém que morreu a grande morte volta à vida?" O mestre Zen responde: "Você não deve ir de noite, deve ir à luz do dia".[49] A força da vida é implacável, mesmo em meio a grandes perdas: o sol nasce e aquece a terra, novos brotos verdes surgem nos leitos de lava negra, e um pequenino botão cor-de-rosa aparece em um galho nu. Ao mesmo tempo, o renascimento não afasta a morte. Hoje, Enju e seu marido são pais de duas lindas filhas adotivas.

No Centro Zen de Los Angeles, uma estátua de pedra esculpida à mão, do Bodisatva Jizo — o grande ser que cuida das crianças após a morte —, descansa sob uma pereira de inverno entre delicadas flores de íris. Ostenta uma capa vermelha tricotada por Enju, que cuida de Jizo em memória de Seth. De vez em quando, vê-se uma folha caída aninhada amorosamente nas dobras da capa.

Como você está cuidando de vida-e-morte, momento a momento?

◆ ◆ ◆

Quando tudo desmorona, o que acontece? O que surgiu para você de uma grande perda? O infinito abismo negro — o que é?

A mãe de Betsy pergunta,

"Qu'estás fazendo?"
Farei cócegas nas tuas costelas
com minha respiração.
Catarei tuas lágrimas
com meu coração.
Que atividade é essa?

KOAN

A mãe de Betsy lhe perguntou: "Qu'estás fazendo?" Antes que ela pudesse responder, sua mãe disse: "Ha-ha. Não estou mais lá". Betsy olhou, viu o cadáver da mãe e soltou uma gargalhada.

REFLEXÃO

O que está morto? O que está vivo?

Há uma velha história Zen sobre um mestre e seu discípulo que vão juntos a um funeral para homenagear o falecido. Chegando lá, eles se aproximam do cadáver e o discípulo pergunta, batendo a mão no caixão: "Isso está morto? Isso está vivo?" O mestre diz: "Não vou dizer, não vou dizer".[50]

O que diz você? Não se apresse em responder.

A mãe de Betsy ficou sem responder a nada por dias. Betsy passava a noite com a cabeça apoiada na beira da cama e a mão no ombro da mãe para poder sentir sua respiração. Betsy tinha a sensação de ser um cachorrinho encolhido ao lado da mãe. Essa proximidade curou algo profundo dentro dela.

Se você já manteve vigília ao lado de uma pessoa que está morrendo, sabe que o convencionalmente chamado *morrer* está muito vivo. Morrer é uma experiência vívida tanto para a pessoa que morre quanto para quem está ao lado dela. Há muita coisa escrita sobre isso hoje, mas quando mantém vigília com alguém que está morrendo, você renuncia às suas próprias ideias sobre a morte (ou pelo menos as põe de lado). O grande mistério em si é tão imediato que comanda sua presença diante dele assim como é.

Não é espantoso pensar que um dia sua respiração e seu próprio coração vão parar? Você não estará mais aqui. Meu professor às vezes dizia: "se você realmente entendesse a impermanência, não seria capaz de aguentar". Você sabe que vai morrer, mas também não sabe ao certo, nem mesmo quando se senta ao lado de alguém que está morrendo.

Se quiser saber sobre a morte, não pergunte a uma mestra Zen. Ela dirá coisas como: "eu não sei, ainda não estou morta". Ou: "quando você morrer, apenas morra".

Na manhã seguinte, sentada ao lado da cama da mãe, Betsy sentiu-se profundamente tranquila. Estava lendo um livro, ponderando uma frase, quando de repente ouviu a mãe perguntar de brincadeira: "Qu'estás fazendo? Ha-ha", riu a mãe quando Betsy se levantou, "não estou mais lá". Assustada, Betsy riu, dizendo: "MÃE!" Então olhou para a cama e viu o corpo sem vida da mãe. Betsy balançou a cabeça, sorriu e falou: "Eu te amo, mãe". Podia sentir a mãe dizer de volta "eu te amo", a energia dela saindo pela porta.

Este corpo está morto? Está vivo?

Betsy tinha um cântico com ela, para o momento em que sua mãe morresse. Ela começou a cantar, mas depois hesitou. *Será que devo cantar isso?*, perguntou-se. *Minha mãe precisa dessas instruções? Será que ela não sabe mais do que eu neste momento?* Então sentiu a mãe repreendendo-a: "Fala sério, Betsy, você é uma sacerdote", riu a mãe. "Termine esse cântico."

Mas, diga-me, onde está a mãe de Betsy agora?

A mente racional gosta de criar seus cenários sobre a morte. Você vai morrer da maneira que morrer. Pode testemunhar a vida de alguém chegando ao fim e, apesar disso, não ter acesso ao que esse processo de morrer realmente é. O grande mistério suscita uma resposta única e profundamente pessoal de cada um de nós, e não sabemos com antecedência qual será.

O mestre Zen Ikkyu escreveu um poema sobre a morte:

*Não vou morrer,
Não vou a lugar nenhum,
Mas não estarei aqui.
Então não pergunte nada,
Pois não vou responder!*[51]

Ou você vai?

◆ ◆ ◆

Você está viva? Você está morta enquanto viva? Como você vive sabendo que vai morrer? Mostre-me! Como sua visão de morrer afeta sua maneira de viver agora?

Helga vê sua própria morte

Lembre-se, por gentileza:
O tempo rapidamente se esvai
E oportunidade se perde.
Hoje os dias de sua vida diminuíram em um.
Não desperdice sua vida.[52]

KOAN

Helga teve um momento de iluminação e seus olhos se arregalaram: "acabo de me dar conta de que vou morrer", disse.

A pessoa ao lado dela olhou-a nos olhos e disse: "Sim, Helga, você vai morrer".

Os olhos de Helga se arregalaram ainda mais.

A pessoa disse: "Você está no lugar certo".

Helga respondeu: "Obrigada, obrigada".

REFLEXÃO

À medida que Helga foi envelhecendo e desacelerando, retomou sua prática espiritual, inclusive retiros de um dia. Durante um desses retiros, a realidade de sua própria mortalidade a atingiu como uma tonelada de tijolos.

Você já passou por esse momento visceral em que percebe sua própria morte não mais no futuro distante, ou não apenas como uma ideia? A certeza de sua própria morte — de que vai chegar a hora em que seu corpo-mente não existirá mais, a respiração vai cessar, sem outra batida sequer do coração — é uma experiência extremamente física. De fato, os olhos de Helga se arregalaram.

Você pode ser filosófico ou pontificar sobre a morte o quanto quiser, mas permanece o fato de que não habitará sua pele um dia. Você não poderá fazer nada do que ocupa sua vida agora nem poderá fazer nada por ninguém. Como viver com a consciência do fato de que sua própria morte pode acontecer a qualquer momento?

Embora geralmente tenhamos a ideia de que nascemos, estamos agora vivos há tantos anos e um dia vamos morrer, na verdade nascemos e morremos o tempo todo. Os professores do Zen nos dizem que nascimento-e-morte se repete a cada momento, sem cessar, para sempre.

É possível aprimorar essa sensação de nascer e morrer continuamente, praticando-a em plena consciência repetidas vezes. Por exemplo, quando estiver capinando seu jardim, ative a consciência de estar nascendo no jardim. Quando terminar de capinar, morra e renasça ao guardar as ferramentas de jardinagem. Quando estiver tomando uma ducha, ative a consciência de nascer na ducha. Morra ao pisar fora do chuveiro e nasça ao secar-se com a toalha e assim por diante. Reserve um tempo do seu dia para fazer essa prática.

Você pode executar a mesma prática cada vez que trocar de papéis. Por exemplo, em um momento você nasce como amigo, uma hora mais tarde como pai ou mãe, depois disso como colega de trabalho, morrendo em um papel e nascendo em outro. Na vida cotidiana, você passa de um papel a outro tão rapidamente que parece um fluxo contínuo que você chama de *eu mesmo*. Quando examinar conscientemente essa questão de nascimento e morte, pergunte-se: quem é essa pessoa que está nascendo e morrendo de forma tão rápida e contínua?

Ao se aproximar dos oitenta anos de idade, Helga teve o choque súbito da realidade de sua própria morte. Será que ela conseguia ver a realidade de nascer e morrer momento a momento? Você consegue? A pessoa cujo braço Helga agarrou olhou-a nos olhos fixa e profundamente, afirmando sua realização: "Sim, você vai morrer". E então acrescentou: "Você está no lugar certo".

Diga-me, que "lugar certo" é esse?

Aqui, agora, é o lugar certo para a sua vida acontecer.

"Obrigada", disse Helga. "Obrigada, obrigada."

Na verdade, não há nada como uma afirmação da realidade para nos libertar. Sim, você e eu vamos morrer. Que tal isso?

◆ ◆ ◆

Nascendo e morrendo a cada instante, como você está vivendo essa realidade agora?

Vivianne: culpando Deus

"Fale o que entende ser a verdade
Sem culpa ou acusação."[53]
Mas mesmo em meio à culpa e acusação,
No pântano pegajoso de raiva e queixa —
Ali há um caminho.

KOAN

Vivianne disse à mestra: "Eu sei que para mim Deus não existe. No entanto, estou com muita raiva dele por levar meus pais tão cedo".

REFLEXÃO

Um velho amigo costumava dizer que praticantes Zen falam muito sobre não-eu e impermanência, inclusive sobre a falta de qualquer alma permanente, mas na hora da tragédia rezam a Deus.

Ou então o acusam. Quando algo inesperado e doloroso acontece, não invocamos a presença de um ser onipotente a quem possamos culpar? De maneira geral, sempre que se abre a lacuna entre a vida como ela é e a vida como pensamos que deveria ser, entre as pessoas como são e as pessoas como deveriam ser, muitas vezes precisamos nomear alguém, ou Alguém, como parte responsável, não é verdade? Nessa lacuna ficam nossa raiva, decepção e culpa, acompanhadas por sentimentos de fraqueza e desamparo. Num paradigma dualista, fraqueza e desamparo encontram seus opostos em autoridade, poder e controle.

Quando atribuímos essas últimas qualidades ao Desconhecido, estamos fazendo dele uma imagem em espelho de nós mesmos, dando-lhe as qualidades opostas àquelas que assumimos. Os psicólogos chamam isso de projeção; alguns mestres espirituais chamam de idolatria.

Muitas tradições místicas definiram Deus como aquilo que não pode ser conhecido. O não-saber é a fonte de todas as manifestações, incluindo eventos como a morte de pais, filhos, animais e qualquer coisa que amamos. Mas, quando vem a tragédia, ergue-se a dúvida formidável: *como é possível? Como isso pôde acontecer?* Quando as coisas fogem de nossa compreensão conceitual do que é certo e errado, o que é justificado e o que não é, não é comum apontar para algum ser a quem atribuímos onipotência e dizer: *como Você pôde fazer isso?*

Não temos que acreditar em Deus para agir dessa maneira. Só precisamos fazer companhia a queixas e indignação, repetindo para nós mesmos nossos monólogos favoritos sobre amores frustrados e esperanças destruídas, acidentes e tragédias. Será que a vida se importa com isso? Pode toda a vigilância do mundo, incluindo orações e invocação da proteção de um ser divino, evitar que coisas ruins aconteçam?

Então, o que ajuda? Primeiro, respire. Preste atenção em como seu corpo vive sem pedir permissão e veja como ele vive mesmo se no fundo você quer morrer. Beba uma xícara de chá; você se sente aflito e esfolado por dentro, com certeza nunca mais será feliz, mas ao prestar atenção, observe quanto conforto obtuve ao beber o chá quente e como cada gole trouxe-lhe calma e serenidade.

Continuando a prestar atenção, poderá perceber mais tarde que seu rosto suaviza ao olhar o pôr do sol, sua mão acaricia o cachorro que lhe afocinha e, apesar do pouco apetite para jantar, você aprecia os morangos. Nesses momentos há somente tristeza, ou há também chá quente, um pôr do sol, um cachorro, morangos? O ponto não é negar a perda, apenas não permanecer na história da perda. Quando fico com a própria perda, há tristeza e desgosto em abundância, mas também há a sensação de um banho quente ou o choque de ar frio da noite quando saio de casa.

"Como vai você?", alguém pergunta. Se a resposta vier de minha história, posso dizer: "Não consigo parar de chorar". Se estiver prestando atenção, posso responder: "Eu choro muito, sinto cheiro de flores, sinto uma terrível tristeza, falo com alguém que amo ao telefone, olho para o céu, choro novamente, assisto à TV, durmo". Tristeza surge no momento, alegria surge no momento, assim como surpresa, pesar, dor, paz e tudo o mais. Na minha cabeça, não tenho dúvidas de estar lamentando sem cessar há semanas, meses até, mas quando presto atenção, vejo que as comoções da vida não foram embora. São silenciosas e sutis no início, mas quando jogo sobre elas a luz da atenção, estão inconfundivelmente lá.

Há outra prática a ser cultivada aqui. "Eu preciso ser lembrado de que a maioria das pessoas lá fora carrega cargas muito maiores, de maneira mais humilde e nobre do que jamais farei. Elas perdoaram muito mais, aguentaram muito mais, tiveram de fazer as pazes com a vida muito mais do que precisarei fazer algum dia", escreveu o padre Greg Boyle, fundador da *Homeboy Industries*, servindo membros de gangues em Los Angeles. "É literalmente alucinante viver com isso repetidas vezes."[54]

Dor e perda estão por toda parte e, quando nos atingem pode parecer natural implodir e colapsar por dentro. Mas será que você é a única pessoa que perdeu os pais de repente, foi acometida de câncer ou ferida num acidente de carro? Aconteceu com milhões. Você é capaz de sentir isso?

É importante praticar com antecedência. Quando acontece algo que alegra sua vida, você pode dizer para si mesmo: *sou feliz; que todos possam ser felizes*. Quando estiver desfrutando uma gloriosa tarde de verão, pode dizer: *estou tendo um lindo dia; que todos possam ter dias como este*.

Pode parecer artificial no começo, mas você está praticando expandir seu universo pessoal para incluir mais e mais pessoas, mais e mais seres. Está testemunhando como nos misturamos e penetramos todos e tudo através de nossas experiências. É natural sentir mais a sua própria perda do que a de qualquer outra pessoa, mas ao incluir as alegrias e tristezas do universo, você está praticando para tornar-se mais flexível, mais consciente do fluxo de energia emocional. Você participa das alegrias e sofrimentos do mundo, e o mundo participa de sua alegria e sofrimento.

Outro nome para isso é graça. Será que você precisa viver e trabalhar nos bairros de gangues de Los Angeles, como Greg Boyle, para se impressionar com a força das pessoas? Ainda não aprendeu que o vizinho do outro lado da rua, o imigrante recém-chegado que você cumprimenta no supermercado, o profissional que cuida do seu pai, todos eles lidaram com tragédias e perdas que desafiam a imaginação e ainda sorriem para você, saúdam o dia, criam filhos e cuidam da vida? Eles parecem heróis?

Quando aprende seus nomes e ouve suas histórias, você está arando o campo e desenvolvendo uma cultura interna de ajuda e conexão. Dessa forma, quando finalmente acontecer em sua vida, a perda afetará você mais do que os outros — mas será que ela vai ser só sua?

Você pode descobrir que o mundo sofre com você.

◆ ◆ ◆

"Fiquei triste o dia inteiro. Sou uma desordem neurótica. Sou maníaco-depressiva." Diga-me, neste momento, onde estão seus pés e mãos? Você já tomou café da manhã? Lavou a louça? Ouve o som dos carrilhões de vento lá fora?

MUITOS PORTÕES
DE PRÁTICA

Christina: Como sou patética!

Espelho, espelho meu,
Quem é mais patética do que eu?

KOAN

Quando Christina se juntou a um grupo de meditantes com longa experiência, perguntou: "Por que não compartilhamos nossa prática, revezando-nos em breves palestras do Darma?"

Os membros do grupo não gostaram. "Podemos dar instruções sobre postura e respiração", disseram, "mas para dar palestras do Darma precisamos de um professor adequado, pelo menos um monge. Nós, pessoas comuns, não podemos fazer isso em hipótese alguma."

Christina sentiu um calafrio no coração. Ela pensou: será que eu também estou com medo de assumir minha prática dessa maneira? Se estiver, como sou patética!

REFLEXÃO

Somente você pode viver em sua própria pele e andar com os próprios pés. De quem você precisa orientação para confirmar esse fato? Quando os membros do grupo ficaram chateados com sua sugestão, Christina viu, escondido atrás da fachada de um saudável respeito pela tradição, um medo sutil que espelhava algo muito profundo nela.

Um dos conflitos de Christina era sua dificuldade, até forte resistência, de assumir que ela, tal como é, é uma expressão completa e perfeita da força da vida. Ela sentia que a boa menina, sempre procurando aprovação e sanção de alguém, estava viva nela apesar de sua idade e décadas de prática budista. Ao perceber isso, declarou para si mesma: *como é patético que eu seja assim! Como é patético, depois de todos esses anos de prática, eu estar ainda relutante em assumir completamente quem sou!*

Para você isso também é verdade? Quão patético é você?

O grande desafio da vida espiritual é que ninguém pode compreender por você quem você realmente é. Como o mestre Zen Kodo Sasaki disse: "Você não pode trocar nem mesmo um peido com outro cara. Todos e cada um de nós têm de viver sua própria vida".[55] Quem você é não depende de se alguém aprova ou desaprova, afirma ou nega, dá ou tira qualquer coisa de você. Ninguém pode viver sua vida por você — há de fazer isso totalmente por você mesmo. Você não pode viver a vida de alguém — tentar fazê-lo é negar a verdade desse alguém. Você é uma pessoa única, manifestação completa da força de vida universal, e assim também é a outra pessoa.

Não é incomum as pessoas acreditarem que alguém vestindo um manto ou usando um título seja de alguma forma superior, saiba mais, seja mais importante do que elas. Um professor digno vai balançar todas as suas ideias preconcebidas e atirá-las de volta, para que você as examine. Você provavelmente não gostará muito disso, pois seu senso de inadequação e falta de merecimento pode ser ativado. Ou talvez simplesmente reaja com perplexidade, como quando o Mestre Zen Huangbo chamou seus alunos de *devoradores de refugo* e perguntou: "Vocês não sabem que não há professores do Zen em toda a China?" "E você?", indagou um aluno. Huangbo aguilhoou: "Eu não digo que não há Zen, só que não há professores".[56] Isso não significa que companheiros do Caminho não sejam um tesouro, ou que um mestre não seja um tesouro.

Involuntariamente, Christina havia desafiado o grupo. A finalidade das falas do Zen é chacoalhar a noção do ego ego a fim de desvencilhar-se dele, e não criar para você uma zona de conforto. Às vezes uma simples pergunta pode abalar as bases, e a sugestão de Christina teve esse impacto, expondo um tabu do grupo. Grupos, assim como os indivíduos, carregam sombras que envolvem certos assuntos que nunca são discutidos ou examinados a fim de não perturbar o *status quo*. É necessário forte intencionalidade e comprometimento para que uma pessoa ou um grupo identifique e examine esses tabus.

Você pode facilmente ignorar que membros do grupo podem atuar como orientadores e professores, inclusive você. Desempenhar tal papel exige assumir total responsabilidade por sua própria prática e pela prática do grupo. Significa abandonar juízos de valor sobre o outro, revelando aspectos pessoais e respeitando a interdependência e sabedoria inerentes a cada pessoa. O Darma pode ser ensinado de uma maneira qualificada quando os membros do grupo mantêm círculos de prática e discussão, testemunhando a jornada uns dos outros.

Será que praticantes espirituais em grupo podem se desafiar a despertar juntos? Você pode ser um verdadeiro amigo espiritual nesse sentido? Sem um professor, como saber quando vocês estão começando a sair dos trilhos? Como saber quando estão apenas estagnando enquanto grupo de praticantes? Despertar juntos convida todos os membros do grupo a questionar tudo na companhia uns dos outros, inclusive as bases do próprio grupo.

Quando puder jogar fora suas suposições e começar de novo a cada momento com respeito e equanimidade, você não será patético.

◆ ◆ ◆

Quando você deixa de precisar de aprovação externa e confia que você é a manifestação completa da própria Vida? Você pode, com confiança, partilhar prática e apoio com seus colegas praticantes? Que mudanças você e seu grupo precisam fazer para facilitar isso?

Jeffrey: o Dr. Médico anda de ônibus

> Dependendo das circunstâncias,
> Tudo é remédio,
> Tudo é doença.
> Médicos não são exceção.

KOAN

O Dr. Médico estava resfriado, mas ainda assim pegou o ônibus para o trabalho. Ele começou a tossir e a espirrar no lenço. Sempre que tossia, todo mundo no ônibus tentava tossir. Toda vez que espirrava, as pessoas a bordo tentavam espirrar. Finalmente, o médico desembarcou no seu destino.

"Ufa!" suspirou o motorista, "o que faríamos sem um bom conselho médico?"

REFLEXÃO

Ah, a voz da autoridade! Quando a boa médica está atendendo, alguns de nós ficamos à vontade para deixar a mente fora da sala de espera. Nós a ouvimos, imitamos, copiamos seus maneirismos, caminhamos e sentamos como ela, pensando que isso levará aos mesmos resultados. Mas não somos apenas diferentes um do outro, também estamos mudando o tempo todo. Como sabemos o que fazer neste momento?

Recebemos muitos conselhos nesta era digital. Podemos acessar artigos sobre vitaminas, saúde, dieta, exercício e como eliminar rugas. Obtemos links para vídeos e clipes sobre os méritos da meditação, sobre a prática da gratidão, a disciplina da atenção plena e a importância da compaixão e da sabedoria. Com a circulação de tanto conselho gratuito e todo esse conhecimento complexo disponível com um clique de mouse, por que ainda pegamos resfriados? Por que estamos mais obesos e estressados do que antes? Com conexão com gurus, especialistas e *TED talks*, por que tantas vezes nos sentimos ocos, cínicos e desconectados?

Uma vez falei ao telefone com um amigo que estava vindo a San Francisco depois de completar um curso de estudo longo e caro. Dirigindo na autoestrada 101 em direção à ponte Golden Gate, ele se sentia no topo do mundo — adorava seus professores, tinha grandes perspectivas e a vida estava transformada —, mas logo pude ouvi-lo murmurar sobre o tráfego parado antes da ponte. Passados alguns minutos, pude ouvi-lo ficar mais e mais irritado, até finalmente gritar com alguém. "O que aconteceu," perguntei. "A porra do cara na cabine do pedágio me mandou parar porque os carros não estão se movendo na ponte! Que idiota imbecil, será que ninguém sabe o que fazer aqui?"

Geralmente seus professores ocupam um lugar de grande importância em sua mente. Além de lhe darem tanto, talvez tenham iluminado como um farol lugares muito escuros. Ao mesmo tempo, a prática para curar o planeta e a nós mesmos não é automaticamente espirrar e tossir como eles.

Como você assume a responsabilidade por sua vida? Coma o que está no seu prato agora. Faça o que está à sua frente neste momento. Seja um ser humano responsável em suas interações com o cônjuge ou a parceira, seus filhos, pais, um colega de trabalho, a operadora de telemarketing que telefona em hora inoportuna, o caixa do banco, o cachorro que mexe na composteira.

Você pode não ter um título ou cargo, mas será que não tem o poder de decidir e agir em sua própria vida? Se você não for essa autoridade, quem é? Um médico, um professor, um pai, um empregador, um guru, Deus? Quando é um desses, o fim é frequentemente o cinismo — uma rejeição de toda autoridade, a recusa de aceitar qualquer pessoa como professor ou guia e de atribuir algum valor ao ensinamento ou conselho dele ou dela.

Há a famosa história de Nan-in, mestre Zen do século XIX a quem um professor foi solicitar ensinamentos. Nan-in serviu chá ao visitante e continuou a vertê-lo mesmo depois que a xícara estava cheia e o chá derramando. Ao ser interpelado sobre o que estava fazendo, o mestre disse: "Como posso lhe ensinar qualquer coisa se sua mente está cheia de opiniões e ideias? Se quiser aprender algo, primeiro esvazie a mente".[57]

Esvazie sua mente de reverência cega e obediência mecânica, bem como de desconfiança e cinismo, ouça profundamente e aja de acordo. Sua vida é sua. Taizan Maezumi disse a seus sucessores americanos: *"Tome disso o quanto você puder, engula o que precisar e cuspa fora o resto"*.[58]

Imitar qualquer pessoa, por mais credenciada ou célebre que seja, faz todo mundo ficar resfriado.

❖ ❖ ❖

"Se o seu professor mandar você pular do telhado, você deve pular", disse um professor japonês visitante a uma sanga americana no início da década de 1980. Se tivesse ouvido essas palavras, o que você teria feito? Quem é a sua voz de autoridade?

Ariel: Nirvana moderno

> Fofoca com BFF FIKDIK
> NEOQEAV TÉ+
> <3 <3 <3 <3 <3 <3 <3 <3
> Fala aí, que zuera eh essa?

KOAN

Um estudante cético perguntou a um professor: "Ainda é possível alcançar Nirvana nesta era moderna?"

REFLEXÃO

Se você está desperto para a verdade desse koan, pode ver seu tráfego na web disparar e despencar, adicionar dois milhões de seguidores, tuitar sem parar e acrescentar sua assinatura pessoal em um milhão de documentos sem ficar sem tinta nem cansar a mão.

Uau, isso é muita atividade! O que acontece com sua atenção quando você se sente sobrecarregado por YouTubes e e-mails, solicitações para ser *Amigo* ou *Seguidor*, *Link*, *Like*, *Tweet* ou *Compartilhar*, e desejar feliz aniversário a um milhão de pessoas todos os dias?

De acordo com os sutras, quando o Buda sentou-se sob a árvore Bodhi, o tentador Mara jogou todo tipo de ilusão sobre ele, desde suas próprias lindas filhas até demônios horripilantes, a fim de distraí-lo, seduzi-lo ou assustá-lo. Nosso Mara hoje fornece esplendorosas manchetes sobre a economia, mensagens de ódio nas mídias sociais, vídeos virais e sites de pornografia online; vende pacotes de aposentadoria, lingerie sexy, diplomas universitários de pós-graduação e webinários do Darma sobre como se tornar iluminado.

O que fazer com essa sobrecarga de informação? Como nós despertamos?

Estamos mais conectados do que nunca a nações longínquas, lendo avidamente sobre culturas e sociedades muito diferentes da nossa, a respeito das quais éramos quase completamente ignorantes apenas algumas décadas atrás. Acompanhamos a destruição de furacões e terremotos em tempo real a meio mundo de distância, naves espaciais disparadas através do cosmos e as mais recentes pesquisas médicas realizadas em laboratórios distantes. Somos convocados eletronicamente para comícios políticos, avisados de que é hora de comprar mais remédios, convidados a participar de jogos e dar nossa mensagem ao mundo, e alertados sobre o fim da vida como a conhecemos em uma data específica.

Em que nos apoiamos? De que maneira decidimos quando dizer sim e quando dizer não? Como ficam nossos compromissos? Bombardeados por intermináveis apelos, solicitações e convites, sentimos nossa estabilidade fugir, às vezes? O que fazemos com a ansiedade e o medo que surgem em meio a toda essa velocidade e acessibilidade instantânea?

Talvez o mais importante: o que fazemos com a nossa atenção? Quando estou lendo um artigo online, estou realmente lendo ou só passando os olhos para chegar ao próximo artigo? Estou dando minha atenção consciente, ou simplesmente avançando de modo automático? Estou vivendo minha vida ou fazendo um inventário dela?

A meditação Zen pede que retornemos nossa atenção para a respiração, o koan ou o *Agora*, cada vez que ela vagueia. É uma prática lenta e meticulosa, mas com o tempo começamos a experimentar o ajuste de corpo e mente. Como você se mantém ajustado ao longo do dia, enquanto telefones, e-mails, textos e vários aplicativos clamam por sua atenção?

Eihei Dogen escreveu: "[O corpo inteiro] nunca está separado da pessoa, bem ali onde ela está".[59] Onde quer que você esteja — em sua almofada, na mesa de trabalho, no assento do carro ou mesmo de pé ao lado do forno preparando o jantar —, o mundo inteiro está ali fazendo essas coisas. Como você vivencia isso? Praticando e vivendo seja o que for. Existe realmente alguma razão para olhar à direita e à esquerda, correr para o telefone ou para a tela do computador, fragmentar sua consciência e dar o inestimável produto que é a atenção em troca de bytes de informação que mal são lidos e já estão esquecidos? Dogen diz: "Concentrar seu esforço com plena atenção é, por si só, rotear o Caminho".

Um aluno disse ao Mestre Ichu: "Por favor, escreva para mim algo de grande sabedoria".

Mestre Ichu pegou o pincel e escreveu uma palavra: "Atenção."

O aluno disse: "É só isso?"

O mestre escreveu: "Atenção. Atenção."

O aluno ficou irritado. "Isso não me parece profundo nem sutil".

Em resposta, Mestre Ichu escreveu simplesmente: "Atenção." "Atenção." "Atenção."

Frustrado, o aluno questionou: "O que essa palavra atenção significa?"
Mestre Ichu respondeu: "Atenção significa atenção".[60]

Mestre Ichu conhecia esse segredo antes do Facebook, antes do Twitter e do Instagram, antes que os modernos caçadores de tesouro começassem incansavelmente a buscar atenção. Sua atenção. Onde você a colocará?

Também podemos conscientemente decidir não prestar atenção por algum tempo, não focar em nada em particular. Por exemplo, perambular ou caminhar sem objetivo, não buscar alcançar um destino ou resultado; simplesmente vagar por aí, olhando em volta, permitindo-se prestar atenção ou não ao que encontra pelo caminho. Sem esforço, você entra em sintonia com seu corpo e o mundo ao redor; percebe nuvens, sol, nuvens novamente, e desfruta a leveza de uma tarde de ócio.

Você chamaria o tempo passado dessa maneira de dia desperdiçado?

Ao se envolver em qualquer atividade — ou inatividade — faça-o totalmente. Entregue-se por completo à sua vida, não com a metade de si enquanto envia mensagens de texto ou assiste ao YouTube. Não corte ao meio ou esquarteje seu coração; mantenha-o inteiro, completamente aqui agora.

◆ ◆ ◆

Você é capaz de demarcar momentos do dia durante os quais esteja apenas fazendo uma coisa completamente? Pode dar total atenção à tarefa à sua frente? À comida à sua frente? E à pessoa à sua frente?

Shishin: Buda dourado

Quando você encontra o Buda,
Como o saúda?
Se disser uma palavra, ele não pode ouvi-lo.
Se ficar em silêncio, ele não
saberá que você está aqui.

Diga-me: o que vai fazer?

KOAN

Uma noite, Shishin teve um sonho. Ele e seu professor estavam sentados na sala de meditação, quando uma fulgurante luz dourada brilhou de repente em um canto da sala.

Shishin sussurrou para seu professor: "O Buda está aqui".

O professor sorriu e disse: "Sim! Vamos saudar o Buda".

Sem hesitar, Shishin ergueu-se, caminhou até a luz e, não podendo olhar diretamente tanto brilho, baixou o corpo inteiro ao chão, em prostração reverente. Prostrado, sentiu a luz cálida tomar conta dele e uma profunda sensação de paz brotar por dentro.

Mais tarde seu professor perguntou: "O que o Buda lhe deu que já não era seu?"

REFLEXÃO

Shishin sentou em zazen por muitos anos, chegando a acolher grupos de prática e organizar retiros, enquanto sustentava a família e criava os filhos. Durante tudo isso, experimentou um profundo mal-estar e um sentimento de inadequação como praticante Zen.

Shishin estava particularmente frustrado com sua falta de experiência da iluminação. Tendo atingido a maioridade num momento em que as experiências de iluminação eram o padrão-ouro da prática Zen americana, ele desejava uma experiência transformadora a ponto de jamais considerar-se indigno ou ter aquela sensação de mal-estar novamente.

Adaptando-se à prática de sentar, Shishin percebeu um pensamento persistente que surgia cedo todas as manhãs: *não sou bom o suficiente*. Esse mantra de negação da vida era a música de fundo de sua existência, narrativa firmemente tecida contra a qual ele se media — uma voz sempre presente, destrutiva e traumatizante. Quanto mais meditava, mais se sentia oprimido por essa voz. Mas, diga-me, Shishin carecia fundamentalmente de alguma coisa, pra começo de conversa?

Você acredita na eliminação de vozes debilitantes por meio de experiências transcendentais? Em minha própria prática, a consciência do *não sou suficiente* levou-me a uma triste criança interior que clamava por minha atenção. Aprendi a perguntar o que estava errado e do que ela precisava. Eu me permiti vivenciar sua tristeza e dar-lhe o necessário. O que sua criança interior está pedindo hoje? Ouça com atenção, experimente e acolha os sentimentos para poder assim cuidar dessa voz interior persistente.

Quais crenças você alimenta sobre si mesmo? Essas crenças tomam a forma de pensamentos negativos não ditos em voz alta, mas com os quais você conversa internamente o tempo todo? E você se mede em relação a eles sem nunca questionar sua validade? Sua narrativa sobre si mesmo é verdadeira? Como você sabe?

No meio da agitação de sua vida cotidiana, Shishin agarrou-se à prática de sentar regularmente. Sentar ele sabia, e foi o que fez. O mestre Zen Kodo Sawaki disse: "o zazen não serve pra nada". Apenas sente. Essa é uma receita forte quando a mente é tomada por pensamentos debilitantes de demérito; é um remédio ainda mais forte quando não há promessa nem sinal de qualquer mudança. Quais são as suas razões para fazer a prática espiritual? O que deseja que aconteça? É melhor ser honesto consigo mesmo sobre suas expectativas.

Em seu sonho, Shishin sussurrou: "O Buda está aqui". Onde é *aqui*? A sala de meditação? O banheiro? A rua? Todos os lugares? Não há lugar algum que a luz do Buda não permeie. A luz do Buda era tão brilhante que Shishin não conseguiu olhar para ela, mas ainda assim não hesitou quando o professor disse: "Vamos dizer olá!" Que convite ousado! O Buda está bem aqui, agora — como você o saúda?

Quem é Buda? Você é capaz de tocar seu próprio corpo e dizer: "Isto?" Com o tempo, percebemos que Buda nada mais é que nosso próprio corpo. Condicionados como somos a procurar fora de nós mesmos, ficamos perplexos: como é possível *eu* ser Buda?

Ao prostrar-se reverentemente no chão, Shishin sentiu a luz cálida brilhante e foi tomado por uma profunda sensação de paz, da sola dos pés ao topo da cabeça. Quando nos prostramos, abaixamos nosso egocentrismo até o chão e elevamos o coração-mente de Buda acima de nossas cabeças. Muitos anos atrás, em minha própria prática, prostrei-me sozinha a noite toda, cantando baixinho a cada reverência: "Sendo una com o Bodisatva da Grande Compaixão Avalokitesvara". De súbito, o próprio Bodisatva surgiu à minha frente. Na manhã seguinte, meu professor, sentindo que havia algo diferente, perguntou: "O que aconteceu com você?" Quando contei, ele falou: "Eu lhe disse, se você chamar os bodisatvas, eles virão!"

No decorrer de todos os anos de meditação, Shishin, ao assumir a postura de Buda Shakyamuni no meio de seu próprio mal-estar, estava chamando o Buda. Uma noite, a distância entre Shishin e o Buda deixou de existir. Quando acordou de seu sonho, Shishin levantou-se da cama e sentou de pernas cruzadas em postura de meditação. Todo o seu ser foi inundado com a extraordinária paz vívida do Buda.

Mais tarde seu professor perguntou: "O que o Buda lhe deu que já não era seu?"

Traga-me o Buda agora mesmo!

◆ ◆ ◆

Identifique uma crença sobre si mesma. Investigue-a! Quais crenças você nutre sobre sua prática espiritual? Investigue-as! O que sua criança interior está pedindo? Dê a ela! O que Buda está fazendo agora?

Myonen: lobo branco

> Um lobo vestido de vovó:
> Olhos grandes, longas orelhas, dentes afiados —
> E uma viajante de capuz vermelho.
> Que confusão danada quando se encontram!

KOAN

Bill viu Myonen entrando na floresta com seus cães. "Aonde você está indo?", perguntou.

"Ver o lobo branco dentro da floresta."

"Não seja boba, todo mundo sabe que não há lobos em Massachusetts", disse Bill. "Além disso, lobos brancos só se encontram no Ártico."

Myonen adentrou a floresta.

REFLEXÃO

Muito tempo atrás, sentada em uma pedra beirando piscinas naturais no meio de uma floresta estadual, Myonen olhou além das árvores para uma clareira distante e viu um grande animal branco. Em todos os anos em que vinha visitando aquele lugar, tinha visto veados, coiotes e ursos, mas nada branco, nem mesmo um cachorro. Ela pensou que poderia ser um lobo branco e, dali em diante, durante anos, olhava todos os dias para aquela clareira, procurando por ele.

As grandes histórias de nossas vidas são buscas, viagens e missões, não é? Seja uma revelação, um santo graal, um leopardo-das-neves, uma odisseia, a iluminação ou o retorno ao lar, essas lendas são arquetípicas para a maioria das culturas e dos povos. Mesmo se não tivermos grandes planos ou ambições elevadas, é provável que ainda vejamos a trajetória de nossa vida como um tipo de busca ou jornada de descoberta. E todas as missões e jornadas não precisam de ajuda? Não apenas ajuda da mente racional, mas também da irracional, das coisas que não fazem sentido. Dia após dia, a cortina se abre brevemente para revelar tais vislumbres — e o que são eles, se não maravilhosos aspectos de nós mesmos? Magia acontece, coincidências ocorrem, estranhos fazem observações assombrosas, surtos repentinos de memória chegam aparentemente do nada. Um desconhecido envia e-mails do outro lado do mundo com uma ideia, uma oferta de ajuda. Um cervo aparece no bosque, gira e corre em minha direção, bem no momento em que estou ponderando um retiro com anciãos Lakota em suas Colinas Negras sagradas.

Como não estamos separados do universo, não existe um chamado sem resposta, mas a resposta é na língua ou nas línguas do universo. Você pode ouvir? Quão apegado você está às rotinas diárias que o impedem de olhar para a direita ou esquerda? Quão apegado está à mente racional? Não há nada errado com a nossa mente racional, mas quando dependemos excessivamente dela, não deixamos de fora o irracional, o intuitivo, o imaginário? Não deixamos de fora o lobo branco na floresta?

Mestre Jizo perguntou a Hogen: "De onde você veio?"
"Eu peregrino sem rumo", respondeu Hogen.
"Qual é o sentido de sua peregrinação", perguntou Jizo.
"Eu não sei", Hogen respondeu.

"Não saber é a coisa mais íntima", disse Jizo.[61]

Jizo está perguntando: quando você embarca numa missão ou jornada, o que está buscando? É algo que pode ser definido ou descrito por seu cérebro lógico? É algo que faz sentido? O mistério é emanação da natureza, por isso não surpreende que tantos meditantes façam retiros em mosteiros de montanha ou refúgios na floresta. Mas tudo pode ser incluído em sua prática, desde uma velha melodia impossível de tirar da cabeça até a evocativa lembrança que não vai embora.

Sem meandrar segundo os desejos de nosso coração, a prática pode tornar-se seca e racional, ou então demasiadamente rarefeita, por não incluir o ser humano completo. Isso não significa que tenhamos de desistir da nossa vida doméstica de família e trabalho. No meio de uma vida agitada, ainda podemos peregrinar sem rumo.

Myonen chegou a ver outro lobo branco na floresta de Massachusetts? Foi uma delusão? Um sonho? Uma meta frustrada? Isso importa? Em vez disso, ela fica atenta às mudanças diárias, a como as árvores caem depois das tempestades, a galhos carregados pelo riacho, patos pousando nas poças, fezes de coiote na trilha. Fazendo isso dia após dia, anos a fio, ela nem percebe mais quando entra ou sai da floresta. No inverno, com o chão coberto de neve, caminha apenas um pouco, olha para os pinheiros altos, para o riacho congelado lá embaixo, e volta. Esses poucos passos são tudo o que é necessário; o chirriar de uma coruja é tudo o que é necessário; a lenta e sinuosa queda de uma folha de carvalho silvestre, já sem viço, é tudo o que é necessário.

Como cada passo é um destino, para que ir longe?

◆ ◆ ◆

Existe alguma coisa em sua vida que aparece, reaparece e não desiste? Como você a segue?

Butsugen: minha língua está amarrada

> Quando a turbulência interior o domina,
> Fazer o quê?
> Quando sua língua está amarrada,
> Fale! Fale!

KOAN

Butsugen, na ânsia de ficar sóbrio, começou a comparecer a reuniões de Alcoólatras Anônimos várias vezes ao dia. Foi informado da importância de compartilhar nos encontros, porém, no estado de intensa turbulência interior em que se encontrava, não conseguia dizer uma palavra. Tentava falar, e nenhuma palavra saía. Uma noite, quando Butsugen sentiu que realmente atingira o limite de sua capacidade, uma mulher compartilhou, usando palavras que expressavam a própria aflição e angústia dele.

No meio de seu tormento, Butsugen sorriu.

REFLEXÃO

Por que Busugen sorriu?

Sabe como é, quando precisa falar e as palavras não vêm? Ficar em silêncio é muito doloroso, mas a voz fica paralisada. É como a história do homem pendurado pela boca em um ramo de árvore: suas mãos não conseguem agarrar o galho, seus pés não podem tocar o chão. Lá embaixo uma pessoa olha e grita: "Qual é o significado da sua vida?"[62] Ou: "O que você realmente está fazendo na reunião de AA, Butsugen?"

Butsugen ansiava por uma vida longe do vício. Ia a encontros de AA repetidas vezes, sentindo-se cada vez mais vulnerável. O desconforto era intenso, mas via-se impotente para fazer algo a respeito. Não podia desistir das reuniões e mesmo assim não conseguia desatar a língua para falar — estava pendurado nos limites de sua capacidade, como a pessoa na árvore.

Como você vai se salvar? Seja qual for o vício — álcool, cigarro, drogas, sexo —, é preciso coragem para enfrentar o profundo anseio de encontrar satisfação na plenitude de seu ser.

Um professor do Zen disse: "Somos todos viciados em *eu*". Que tal o vício do eu egocentrado? Será que o apego ao egocentrismo e o sofrimento implacável que sobrevém a um vício são comuns a todos nós? Mesmo não sendo viciado em uma substância, você se prende a uma noção de eu permanente, fixo e sólido, que se torna ponto de referência para tudo o que pensa e faz? Como vai se salvar disso?

O egocentrismo é tão arraigado que, como a pessoa em cima da árvore, é difícil até considerar se soltar. Você acha que segurar irá salvá-lo ou que soltar o matará. Mas, diga-me, *quem* está se segurando em *quê*? À medida que você se torna mais consciente ainda de exatamente a que está apegado, o problema pode parecer pior que nunca! Tenha certeza, no entanto, de que consciência crescente e atenção ao apego são grandes passos rumo à liberdade.

O alívio imediato para Butsugen veio na forma de uma mulher que compartilhou sua angústia usando palavras que ele próprio usaria, se tivesse sido capaz de desatar a língua. Quando se reconhece no outro, você se expande além de suas limitações. "É como se ela estivesse vivendo dentro de mim", disse Butsugen. Num instante, ele se reconheceu e também se sentiu reconhecido. Precisava ainda fazer o desafiador trabalho interno necessário para a sobriedade, mas quando estava na condição mais vulnerável, as palavras de outra pessoa o ajudaram a ficar sóbrio por mais um dia. Verdadeiramente, havia um monte de razões para Butsugen sorrir. Mas você pode me dizer por que ele sorriu?

A jornada para a sobriedade é mais bem compreendida na companhia de outras pessoas com o mesmo espírito. É dádiva rara encontrar uma comunidade de cura — ver a si mesmo nos outros pode ser profundamente reparador. Dessa maneira, a sanga budista pode cumprir, para nossos vícios com o *eu*, a mesma função que um grupo do AA desempenha para o alcoolismo. Algumas comunidades Zen se concentram tão exclusivamente em meditação e silêncio que seus membros mal falam uns com os outros. Certa vez, uma amiga foi convidada a falar em um grupo Zen e, percebendo que a pessoa que a convidara não estava lá, perguntou sobre ele pelo nome. Ninguém sabia quem ele era. Perplexa, ela descreveu o caminhão azul que ele dirigia, e finalmente todos disseram: "Ah, sim, nós conhecemos o cara que dirige o caminhão azul!"

Muitas sangas hoje, no entanto, têm processos como concílios, círculos e outras práticas que encorajam escuta e compartilhamento para ajudar você a se reconhecer. Butsugen nunca chegou a contar para a mulher de que forma ela o tinha salvo naquela noite. Consola-se agora na compreensão de que ele também, simplesmente se apresentando para sua vida todos os dias, pode de fato estar salvando outra pessoa.

Como você está se apresentando?

Fale rápido, fale rápido!

◆ ◆ ◆

Se sua língua estiver amarrada, como você encontrará a saída? Fale-me de um momento em que você se reconheceu em outra pessoa.

A nova prática de Kit

Onde na bússola tu encontras ser humano?
Norte Sul Leste Oeste.
Olha para cima, depois para baixo.
Ou olha no Google.

KOAN

Kit perguntou ao professor: "Que prática devo seguir agora?"

"Finja ser humana", respondeu o professor.

"Mas eu sou humana!", protestou ela.

"É por isso que deve fingir", retrucou o mestre.

REFLEXÃO

A filha de cinco anos de uma amiga rastejava de joelhos: "Au-au! Au-au!"

Eu perguntei o que ela estava fazendo.

"Estou fingindo."

"Você está fingindo que é um gato?"

"Não, boba, estou fingindo ser um cachorro."

"Como está fazendo isso?"

"Au-au! Au-au!"

Gostei tanto da brincadeira que no dia seguinte fingi ser uma humana. Levantei de manhã, tomei banho, fiz um pouco de café e meditei. Disse bom dia a meu marido e dei comida ao cachorro.

O que nós humanos queremos dizer ao afirmar que somos humanos? Um gato faz *miau*; um cachorro, *au-au*; uma vaca, *mu*; e um humano faz — o quê? Um canguru pula, um falcão voa, uma cobra rasteja, uma flor desabrocha, e um humano? Existe alguma coisa que nos torna humanos?

No século XVII, Descartes considerou que pensar é o que nos torna humanos. Desde então, os cientistas tentaram identificar outras características que nos diferenciam de outras espécies, como linguagem, altruísmo e capacidade de criar ferramentas. Pesquisas mostram, no entanto, que coisas antes aceitas como exclusivamente nossas são compartilhadas também por outras espécies. As formas de vida, com todas as suas variações, parecem ser muito mais fluidas do que se pensava.

Será verdade que todos os falcões voam e toda flor desabrocha? E se os falcões em potencial ainda são filhotes e as pétalas de rosa não desabrocham, eles não são falcões nem flores?

O que torna qualquer coisa o que ela é? Quando digo: isto é uma vela, isto é gra3ma, isto é uma cadeira de jardim, isto é um homem, isto é uma mulher, estou apontando para certos aspectos que em minha mente caracterizam vela, grama, cadeira de jardim e todo o resto. Uma vela queima, a grama é verde, uma cadeira de jardim fica no jardim, mas se essas coisas abrangessem sua essência básica, essa essência não permaneceria a mesma sob qualquer condição? Contudo, podemos pensar em condições — um furacão, uma geada — que apagam velas, tornam a grama marrom e jogam para longe ou destroem a cadeira de jardim.

Meu mestre gosta de dizer: seja um ser humano, essa é a melhor prática. Mas qual é a essência de um ser humano?

Talvez a essência de ser um ser humano seja ver que não há nenhuma essência identificável.

    Muitos anos atrás, meu mestre e eu caminhamos juntos em Birkenau, parte do complexo do campo de concentração de Auschwitz-Birkenau. Lá, passando por casernas em ruínas e restos de câmaras de gás e crematórios, ele disse: "Queremos muito acreditar que existe alguma coisa comum a todos. Filósofos e líderes religiosos tentam encontrar e apontar para isso — o que é essa coisa básica? Só posso ver uma coisa em comum entre todos nós: nossas diferenças".

    Travamos guerras por disputas sobre o que constitui um ser humano real. Veja a fúria em torno da discussão do aborto, olhe o que ocorreu nos Estados Unidos em nome da raça! Podemos pelo menos concordar a respeito de o que é ser homem ou mulher? Costumávamos pensar que era tudo questão de biologia, porém agora cada vez mais gente reivindica uma identificação de gênero mais fluida, baseada em sentimento e não no corpo em que vieram ao mundo. Não conseguimos nem concordar sobre a essência da boa comida ou boa música.

    Existe alguma razão para termos de concordar? Quando dizemos que todas as coisas são interdependentes, queremos dizer que é tudo relacional, contextual, condicionado às circunstâncias. Então, por qual verdade absoluta estamos brigando? Por que chancelamos ideias como *a coisa verdadeira, o real*? Todo o resto é menos real?

    Mesmo quando digo *esta é quem realmente sou*, ou *este é o meu eu verdadeiro*, quantidades imensuráveis de moléculas e células estão se juntando e dispersando em velocidades incalculáveis, mudando-me tão rapidamente que a consciência jamais pode acompanhar.

    Isso posto, podemos fazer algo além de fingir?

◆ ◆ ◆

O que é a você verdadeira? Há uma coisa que você pode apontar com certeza total?

Kodo: pescador solitário

> Olhe! Olhe!
> O que você vê quando não há Nada para ver?
> Um antigo pescador fisga uma
> dona de casa suburbana.

KOAN

Um dia, folheando um livro no conforto de sua poltrona favorita, Kodo bateu os olhos numa pintura chinesa de Ma Yuan, do século XIII, intitulada *O Pescador Solitário*. Na imagem, um pescador está sentado sozinho na proa de um barco de madeira no meio de um vasto lago, com sua linha de pescar pendendo ao lado da embarcação.

Kodo gritou: "Isso sou eu! É assim que realmente sou, mas não sou isso ainda. Como me torno *isso*?"

REFLEXÃO

Quem é você? Meu professor, Maezumi Roshi, muitas vezes nos instruía a suprimir a distância entre quem você pensa que é e quem você realmente é. "Feche a lacuna", dizia ele, "entre o *eu* e você". O eu é incondicional, então como você fecha a lacuna para que não haja nenhuma sensação de separação, nenhum senso de *você* ou de *mim*?

Quando Kodo viu a pintura de Ma Yuan, esta a atravessou até o âmago. Como é que uma mulher afro-americana em Nova Jersey foi instigada pela imagem de um antigo pescador chinês? A essência da vida, a própria natureza original como capturada pelo artista Ma Yuan, ressoou no seu corpo. Não importa ter sido a pintura de um século diferente, um lugar desconhecido, uma cultura estranha — nada semelhante a Kodo ou à sua vida.

O que atravessou todas as camadas de tempo, lugar e pessoa?

O que despertou em Kodo?

A pintura de Ma Yuan exala quietude e silêncio, uma sensação de vastidão infinita. Um humilde pescador aparece nessa vastidão; ele não é nem separado nem diferente dela. Ele é tecido da mesma natureza que a linha de pesca, a água, o próprio universo inteiro. Vendo isso, Kodo sentiu dentro de si um estremecimento. Percebeu imediatamente que havia algo a descobrir sobre o seu próprio ser que Ma Yuan tinha captado. A partir desse momento, o desejo de conhecer *aquilo* consumiu a vida de Kodo.

Que mudança é essa que Kodo vivenciou? Você se lembra do momento em que sentiu atração por algo além do convencional e material, além da divisão *você* e *eu*? É uma mudança que nos afasta do modo de vida egocêntrico no qual ideias e desejos formam a base de tudo. Depois de um vislumbre além de *você* e *eu*, nunca mais se pode estar totalmente satisfeito. O impulso de afirmar vivencialmente a natureza essencial da vida é uma força poderosa. A questão de Kodo foi esta: como ter a experiência de si mesma *tal como é*?

Quem está procurando o quê? No início da jornada espiritual, como retratado nos *Dez Quadros da Doma do Touro*, um verso diz: "Até agora, o touro nunca se perdeu".[63] O grande ancestral chinês Ma Tsu disse: "*Aquilo* que faz a pergunta é sua casa do tesouro, onde existe tudo de que você precisa e não falta absolutamente nada. Está lá para se usar livremente, então por que essa busca vã por coisas fora de si mesmo?"[64] O que é essa vasta casa do tesouro que é você? Os antigos dizem que está além do pensamento; Ma Tsu diz que ela contém tudo. O que é?

O *Sutra do Coração* expõe isso com as famosas palavras: *forma é vazio e vazio é forma*. Como você pode conhecer o incondicionado, aquilo que é fundamentalmente sem dualismos — você e eu, certo e errado, bom e mau? Assim como a pintura despertou o tesouro em Kodo, você também é chamado ao conhecimento de si mesmo no nível mais profundo possível. Os mestres Zen dizem: "Você não senta em zazen para tornar-se um Buda, é por ser um Buda que você senta em zazen". Sua casa do tesouro está esperando para ser descoberta, aberta e usada livremente. Diga-me, então, como você chegará a esse conhecimento?

Meditei pela primeira vez há muitos anos em um sesshin Zen de sete dias. Durante esse retiro, algo despertou dentro de mim com tanta força que tive de seguir para onde era levada. Na ocasião, eu nada sabia sobre prática espiritual ou realização de minha verdadeira natureza, nunca tinha ouvido a frase *Buda reconhece Buda, e Buda chama Buda*; na verdade não tinha palavras para minha experiência. Larguei meu casamento, meu trabalho e a cidade onde vivia para seguir o que quer que fosse aquilo que precisava se conhecer. Quando *Buda chama Buda*, não há como deter esse poderoso movimento interior. Não há maneira certa ou errada de fazer isso — você pode permanecer no lar como fez Kodo, abandonar o lar como eu fiz, ou combinar um pouco das duas coisas. De fato, você simplesmente não sabe aonde a compulsão de realizar o seu verdadeiro eu o levará.

Um pescador chinês do século XIII chamou uma dona de casa afro-americana contemporânea; a postura sentada de pernas cruzadas do Buda me chamou. O que está chamando você? Sua natureza essencial o chama continuamente para casa. Se você está lendo isto, é provável que já esteja respondendo ao chamado. Quando volta ao lar de si mesmo, você percebe que sempre esteve em casa, morando exatamente como é no *isso* como *isso* — a própria casa do tesouro. O ser absolutamente único que você é resume a perfeita expressão desse *isso*; as mãos segurando este livro e os olhos examinando a página são a perfeita harmonia de forma e vazio, inteiros e completos; nada lhes falta, e não podem nem precisam ser de outra forma.

◆ ◆ ◆

Mostre-me você mesmo como a casa do tesouro. Quando ela abrir, como você vai usá-la? Onde está o pescador de Ma Yuan agora?

O sonho de Dantika

Gott, Gut, Gutt, Good, God.
O que há em um nome?
O que você fará quando lhe faltarem palavras
E não sair nenhum som?

KOAN

Dantika teve um sonho:

Na primeira manhã de retiro, ela é convidada a sentar na almofada do monitor do zendo. Para sua surpresa, encontra dois sinos — o sino que o monitor sempre usa, e outro sino menor — e apenas um badalo. Ela toca três vezes o sino de sempre para iniciar o primeiro período de meditação, mas não ouve som algum. Tenta novamente, e então decide tocar o sino menor. Nenhum som sai desse sino tampouco. Sentindo-se apressada e frustrada, bate o sino com tanta força que o badalo quebra.

Ela mostra o badalo quebrado ao estudante veterano a seu lado, pedindo orientação.

Gutt diz: "Apenas comece".

REFLEXÃO

Quem ou o que é *Gutt*? É o estudante veterano? Refere-se a Deus, que é *Gott* em alemão?

Ou serão as entranhas de Dantika, que é o que *gut* significa em inglês?

A prática do monitor do zendo é preparar a sala e tocar o sino para sinalizar o início e o fim dos períodos de meditação. Nos centros de prática, treinamos as pessoas para cuidar do espaço de meditação. Elas chegam cedo, ligam a calefação, arrumam as almofadas e, quando todos estão sentados, tocam o sino. Só que desta vez não saiu som algum.

Dantika tenta uma segunda vez, e ainda não há som. Então bate o sino com tanta força que o badalo quebra.

Podemos nos conectar com essa situação? Fazemos o melhor possível, seguindo as regras, e as coisas não dão certo: somos demitidos do trabalho, nosso casamento acaba, nossos filhos crescem e se tornam diferentes do que esperávamos. A vida teima em tomar um caminho que nos desconcerta. Surgem crateras no asfalto da estrada, acidentes, desvios, construção, destruição, até fechamentos completos, e ainda nos surpreendemos. *Não deveria ser assim!* Basta resolver uma coisa para surgir algo novo: sino que não soa, um badalo quebrado, carro que não pega, goteira no telhado.

Cada um desses eventos é uma oportunidade de vivenciar a vitalidade e imprevisibilidade do momento. Meditamos regularmente para perceber isso, dependendo amiúde de silêncio e ausência de perturbação. Muitas vezes são os "percalços" que nos despertam do estupor que chamamos de rotina. Será que vemos isso como convite para uma aventura, tentar uma abordagem nova, fazer algo diferente, ou ficamos frustrados e temerosos de cometer erros?

Quando essa última coisa acontece, você pode pedir instrução a seu professor ou a um estudante veterano, mas pode também ouvir o "Gutt", ou o *gut*, quando ele mandar começar.

Como você começa quando o sino não toca?
Invente. Seja criativo. Imite o som do sino em voz alta. Bata palmas ou no chão três vezes. Apenas comece.

Um dia, Yen Kuan chamou seu assistente: "Traga meu leque de chifre de rinoceronte".
O assistente disse: "O leque está quebrado".
Yen Kuan disse: "Se o leque está quebrado, traga de volta o rinoceronte".[65]

Todo momento exige que apresentemos nossa mente — espontânea, dinâmica, sem amarras aos padrões do passado. Será que somos capazes de improvisar e pensar fora da caixa? De inventar um novo som ou novo prato de comida? De voltar com um rinoceronte?

"*It Don't Mean a Thing (If It Ain't Got That Swing)*", escreveu Duke Ellington, ou seja, *Não quer dizer nada (se não tem aquele balanço)*. Toda situação não exige seu próprio "balanço", seu próprio frescor de resposta? O leque quebrado, o sino que não soa, o badalo partido — isso somos nós. Estamos juntos nessa. Há dias em que estamos partidos, não podemos soar, não dizemos e fazemos o que habitualmente se espera de nós. Para alguns, são os dias em que não conseguimos sair da cama; para outros, são os dias em que voamos.

Já que estamos aniquilados, por que não começar do zero? Por que não experimentar uma nova canção, um caminho diferente para o trabalho, sujar-se na caixa de areia com seu filhinho ou bater um longo papo com o morador de rua que você viu muitas vezes e sempre ignorou?

"O leque de chifre de rinoceronte está em uso há muito tempo", diz o verso no koan. "Fresco no verão, morno no inverno. Todo mundo tem, então por que não sabem?"

Há um leque para nos refrescar no verão e nos aquecer no inverno, todos o possuímos. Esse mesmo leque pode fornecer ar fresco quando faz calor e fazer circular calor quando está frio. Então, me diga, como você se ventila? O que Gutt diz?

◆ ◆ ◆

Em que situações você se sente constrangida e teme cometer erros? O que é o pior que pode acontecer? Se acontecer o pior, o que você fará?

Penélope fala a verdade

> Diga toda a verdade.
> Não diga nada além da verdade.
> O que é a verdade?
> Diga-me, o que você sabe?

KOAN

A supervisora de pastorado hospitalar de Penélope tinha um marido alcoólatra. Depois de um evento público extremamente embaraçoso em que o marido estava bêbado, Penélope falou com a supervisora sobre como essa situação afetava o programa de pastorado. A supervisora ouviu com um olhar gelado a verdade de Penélope, cuja vida no programa tornou-se difícil depois disso, e ela acabou sendo transferida para outro hospital.

Penélope contou à mestra o que aconteceu. A mestra ouviu atentamente por muito tempo e então perguntou: "O que teria acontecido se você não tivesse falado?"

Penélope ficou boquiaberta.

REFLEXÃO

Você diz a verdade, toda a verdade e nada além da verdade?

Desde pequena, Penélope assumiu o papel de "reveladora da verdade" na família, manifestando-se quando ninguém ousava falar. Entre amigos, na escola e mais tarde no trabalho, desempenhava a tarefa de expor a "verdade" sentida, mas não dita em voz alta pelos outros. Obtinha recompensas, às vezes sim, às vezes não, e isso se tornou um hábito forte e arraigado.

Então, quando a mestra de Penélope perguntou: "O que teria acontecido se você não tivesse falado?", a questão deixou Penélope boquiaberta. Ela não conseguia falar nem pensar. A pergunta foi como uma flecha disparada contra sua identidade mais básica: ela era a reveladora da verdade, a pessoa com quem contar para falar a verdade sem medir consequências. Era um padrão de comportamento não examinado que tinha definido por muito tempo quem ela era.

Diga-me, você também adere a um padrão particular de comportamento, uma senda habitual não examinada? Qual identidade própria você não examinou?

Você é alguém que fala a verdade ou alguém que evita falar a verdade? O que é verdade? Meu professor, Bernie Glassman, diria que há verdades de todos os tipos: factuais, mitológicas, emocionais, científicas, psicológicas e espirituais. Como você sabe que alguma coisa é *a verdade*? Ou é, como Bernie veio a dizer mais tarde, apenas sua opinião?

Às vezes uma pergunta simples atinge o alvo e o liberta de suposições profundamente enraizadas que você mantém sobre si mesmo. Você pode identificar essas suposições ouvindo sua própria voz interior quando, por exemplo, ela fica repetindo: "Eu sou o único que fala a verdade sobre isso e aquilo". O que acontece quando ações que você considera certíssimas, heroicas até, desencadeiam reações de absoluta reprovação em outras pessoas? Você pode ser defensivo e hipócrita mesmo diante de consequências terríveis, sob o pretexto de se importar com os outros. Como você sai de seus próprios padrões condicionados para uma visão mais aberta e não condicionada?

Na prática Zen, aprendemos a fazer uma pausa e considerar o contexto — hora, local, pessoa e quantidade de resposta — antes de falar e agir. A velha tendência de falar sem meias palavras ainda pode brotar, mas você desenvolverá a capacidade de dizer *Espere!* e discernir se a fala é necessária e, se for, que tipo de discurso é o melhor. Você pode se perguntar: "Estou tentando manipular a situação e moldá-la à forma que quero?" Quando surge o desejo de mudar uma situação ou pessoa, você está servindo à situação como um todo ou apenas a seus motivos?

Mesmo aprendendo a ser mais hábil em suas ações e falas cotidianas, não se satisfaça com isso. Continue levantando a questão: O *que é isto?* Tente mergulhar no mundo de outra pessoa e prestar testemunho à realidade dela, sem impor seus julgamentos e pontos de vista. Quando sua visão domina, você não pode ver a situação real. No reino dos bodisatvas, grandes seres de compaixão e sabedoria, nosso objetivo constante é terminar ou minimizar o sofrimento. Só é possível fazer isso quando se veem claramente as circunstâncias e o contexto nos quais estamos funcionando. Não há espaço para motivações egoístas.

Onde quer que se encontre, você é capaz de deixar seus interesses egoístas se espatifarem? Não seja tapeado por si mesmo!

❖ ❖ ❖

Como você investiga a verdade de outra pessoa? Como isso muda sua percepção do que é verdade?

Gyokuun: geneticamente modificado

Então, por que esse barulho todo?
Sentar e recuar,
Dizer não, dizer sim,
Nascimento e morte
Nada além de ilusórios pontos de apoio.
A fumaça de sândalo desaparece,
Deixando um odor pungente.

KOAN

Gyokuun perguntou: "Quantos genes são necessários para fazer um Buda?"
   Alguém respondeu: "Mais um, menos um".

REFLEXÃO

Durante sua experiência de iluminação, o Buda disse que ele e o mundo inteiro são iluminados. Isso não nos inclui? Somos todos Budas, seres despertos, só que não sabemos. Por quê? Talvez porque tenhamos sido geneticamente modificados. Nossos filamentos individuais de DNA e nossas diferentes culturas não apenas nos diferenciam do Buda Shakyamuni e dos grandes mestres Zen da China e do Japão, mas também dos mestres Zen no Ocidente, bem como uns dos outros.

No entanto, somos todos iluminados como somos.

Temos uma linda Kwan Yin — a Bodisatva da Compaixão — de madeira e com muitos braços em um altar da nossa sala de estar. Ao longo de muitos anos e numerosas mudanças, ela perdeu alguns dos braços dos quais depende para cuidar do mundo. Além disso, seu torso quebrou em três pedaços que foram colados várias vezes. Ela é menos Buda por tudo isso?

Ou que tal meu próprio Buda de pé no altar do escritório, que perdeu um dos pés e parece estar se equilibrando em uma perna? Ou meu marido depois do derrame? Ou a mulher sem-teto falando sozinha na calçada lá fora? Ou o valentão enviando mensagens de ódio no Facebook? Que tal o assassino cumprindo pena no corredor da morte por matar uma criança?

Membros do *Zen Peacemakers* fizeram retiros anuais em Auschwitz-Birkenau por quase vinte anos. Sempre entoamos os nomes daqueles que morreram lá. Um ano alguém propôs que também entoássemos os nomes dos perpetradores nazistas, e quase tivemos um tumulto.

Quantos genes são necessários para fazer um Buda? O que é preciso para deslocar sua natureza-Buda — a perda da mão, de um pé, da mente? A perda de bondade, cuidado, esperança? É possível jamais perder realmente sua natureza-Buda?

Somos geneticamente modificados, diferentes um do outro, inteiros e completos como somos. O Buda sabia; nós não, por isso tropeçamos por aí tentando encontrar o caminho e a nós mesmos.

Em seu poema "A Figueira"[66], Wendell Berry escreve sobre a árvore:

*"Nela amarraram cercas, fincaram pregos,
fizeram lanhos e talhes; veem-se marcas de raio.
Não há ano em que floresceu
Sem ser ferida."*

E então ele acrescenta:

*"... Ela chegou a uma perfeição estranha
nas dobras de seu longo e torto crescimento."*

Será que não entortamos e dobramos, mesmo tentando ser melhores maridos, esposas, pais e filhos? Ao estender a mão aos outros, estendemo-nos tanto que às vezes não conseguimos reconhecer nossos próprios contornos e proporções.

Onde nos sentimos mais confortáveis? Em casa. Onde fica isso? "Seu lar está dentro de você ou não está em lugar algum", escreveu Herman Hesse. Podemos levar nossa casa conosco onde quer que vamos porque não é um lugar específico, uma sala especial ou um canto perto de uma lareira. Somos inteiros como somos, iluminados como somos.

Como vivenciamos isso? Vivendo. Não sou apenas iluminada como sou — esta xícara de café também é, assim como minha filha que corre escada acima para me contar sobre seu dia na escola, assim como minha mãe a chamar de muito longe pelo telefone. Manifestação da natureza-Buda como todos os seres, sencientes e não-sencientes.

Reconhecendo isso, como estou vivendo minha vida?

◆ ◆ ◆

Você sente espinhos em sua vida, situações e qualidades pessoais que a deixam pouco à vontade? Qual dessas coisas desqualifica e impede você de ser um Buda?

Chosui: velho urso

"Um cara mais sábio disse uma vez: às vezes você come, e às vezes o urso o come".

"Isso é algum tipo de coisa oriental?"[67]

KOAN

Chosui cantava o seguinte refrão várias vezes:
"Velho Urso, estás aí?
Velho Urso, estás aí?"

REFLEXÃO

Quando o Velho Urso saiu da toca na primavera, declarou: *Minha prática é viver na minha própria pele, não na de Buda nem de meu mestre. Quando eu era um filhote fofo, muito tempo atrás, pensei que estivesse sempre errado e então precisava confessar e corrigir as coisas, antes de poder pegar coisas boas como mel e fêmeas. Quando finalmente comecei a fazer meditação, fui largando o hábito de consertar tudo.*

Existe algo tão desconfortável e doloroso quanto sentir-se basicamente *errado*? Dá um vazio na boca do estômago, ou então uma ansiedade tão irritadiça que sua pele mal pode conter a carga de autocrítica, autocensura e arrependimento. Você se sente espectador em sua própria vida; outros fizeram papel de protagonista na deles, mas você é só ator coadjuvante na sua. Você se desleixa, não consegue olhar as pessoas nos olhos, ou fala em voz baixa como se não devesse ser ouvido. Você se sente antinatural em seu próprio corpo.

Se ações de outrem o prejudicam, você conclui haver algo de errado com eles? E seu parceiro, seu filho, membros da família ou alguém do trabalho? Quando fazem coisas positivas no seu entender, há algo certo com eles agora? O que o *certo* e o *errado* têm a ver com Natureza de Buda?

De fato, o que certo e errado têm a ver com a natureza — sua ou a de quem quer que seja? Como você se sente após um bom dia de trabalho, recebendo congratulações do chefe por um serviço bem-feito? E como se sente depois de ser criticado, ou mesmo de não receber reação alguma? Existem medidas menos adequadas de um ser humano do que *certo/errado*? Viver é vivenciar a plenitude das coisas, mas em vez disso muitos de nós ouvimos uma voz interna que implacavelmente nos diminui.

É de admirar que evitemos passar muito tempo em nossa própria companhia? Em vez de apreciar nossa vida, enuviamos os sentidos com álcool ou drogas, olhando computador e televisão horas a fio ou nos afogando em atividades.

Situações escorchantes podem ser ótimas professoras. Se algo coça, você fricciona de volta na hora? Quando uma irritação adentra, você invoca julgamento ou reação?

Quando meu marido teve seu grande derrame, eu o via deitado no leito de hospital entre uma terapia e outra, olhando a parede do outro lado.

– Em que está pensando? – eu perguntava.

– Não estou pensando – ele dizia.

– Você está bem?

Em resposta, ele fazia um gesto, com o braço que funcionava, que parecia englobar o quarto, os corredores movimentados, a luz, o escuro, o hospital e tudo além dele.

Diante do meu alarme e necessidade de segurança, ele estava apenas absorvendo tranquilamente sua vida, a cada batida do coração, só testemunhando a pergunta: *Velho Urso, estás aí?*

Vi ursos na floresta e até no nosso quintal ao longo dos anos e só posso admirar quão sólidos eles são no meio, mesmo em pé nas patas traseiras, para alcançar um comedouro de pássaros. Vivem naturalmente dentro da pele deles, o que os habilita a ser incrivelmente versáteis — correr rápido apesar do peso, trepar em árvores, cruzar rios largos a nado e extrair nutrientes de uma grande variedade de vegetação, nozes, grãos e frutas silvestres, para não mencionar insetos e animais. São sólidos e adaptáveis.

Não é isso que a meditação nos dá? Não aprendemos a ser sólidos na barriga e sintonizados com a respiração? Não aprendemos a sentar quietos e, ao levantar, atender ao que é de nossa conta e viver nossa vida plena e completamente, enquanto executamos uma vasta gama de tarefas, desempenhando diferentes papeis?

> *O quadragésimo segundo patriarca foi o Sacerdote Liang-shan.*
> *Ele estudou com T'ung-an, o Último, e o serviu.*
> *T'ung-an perguntou a ele: "Qual é o negócio debaixo do manto remendado?"*[68]

Quer você esteja vestindo um manto de mestre, terno e gravata, roupa branca de enfermeiro, camiseta ou só sua própria pele, todos eles não são disfarces? A pergunta é a mesma: O que há por baixo? Sem pensar certo ou errado, sem pensar bem ou mal, o que é isso?

A resposta de Tung-an foi uma palavra: *intimidade*. Mas você precisa apresentar sua própria resposta.

Somos nossa própria companhia por toda a vida. Nossos pais morrem, nossos filhos saem de casa, amigos e cônjuges morrem ou vão embora. No começo, espinhas e sardas aparecem em nossa pele. Muito mais tarde, encontramos marcas, rugas, varizes e manchas de sol. No entanto, embora manchada e enrugada, continuamos a habitar em nossa pele. O que é preciso para se sentir confortável em sua própria pele?

Uma antiga oração judaica que incluímos na nossa liturgia Zen budista diz:

Esta é nossa vida, a duração de nossos dias.
Dia e noite meditamos sobre isso.

◆ ◆ ◆

Há momentos em que você se sente invisível? Isso é humildade ou ocultamento? Onde está o desconforto? O que você está deixando fora da intimidade?

Ando alimenta seu espírito faminto

> Chamando todos os corações famintos
> Em todos os lugares pelo tempo sem fim
> Sua alegria e tristeza
> Eu as torno minhas.[69]

KOAN

Um dia, Ando recebeu um aviso de aumento de aluguel. A notícia desencadeou nela memórias dolorosas de ser abandonada numa rua de Nova York, aos nove anos de idade, com uma sacola de roupas. Lendo o aviso, foi tomada pelo espírito faminto do abandono, com seu lacerante tumulto emocional. Depois de alguns dias, foi almoçar numa lanchonete próxima. Viu um sem-teto na fila — sujo, fedorento e incoerente — procurando nos bolsos dinheiro para pagar a comida. Todos o ignoravam, e a jovem caixa fazia o possível para ser gentil. Espontaneamente, Ando disse à caixa: "Eu pago o almoço dele". Ando sentiu de repente uma mudança.

REFLEXÃO

Como você alimenta um espírito faminto? O espírito faminto não é alguma outra pessoa, mas sim a parte insaciável de você mesmo. Na cerimônia de Alimentar dos Espíritos

Famintos praticada pelo Zen Peacemakers, convidar o espírito faminto é o primeiro passo para mudar seu relacionamento com ele. Provavelmente muita energia foi gasta para mantê-lo afastado, embora a fome já faça parte de você. Portanto é preciso convidá-lo intencionalmente; esse convite inicia a mudança de seu relacionamento com ele.

Ando era tão assediada pelo espírito faminto do abandono que suas estratégias habituais de enfrentamento — meditar, ficar atenta a sentimentos e sensações físicas, e conversar com amigos e familiares — não lhe traziam alívio. O que você faz quando a dor emocional o paralisa? Procura instintivamente uma guloseima, drogas ou bebida alcoólica? Quando se sente fechado numa câmara de eco emocional, você vai para o sofá e se perde em estúpidos programas de televisão ou usa compras, sono ou sexo como válvula de escape? Como você enfrenta a turbulência de pensamentos e sentimentos emaranhados?

Como meditante de longa data, Ando testemunhou instintivamente as sensações desencadeadas em seu corpo-mente pelo aviso do aumento do aluguel. Ela reconheceu seus reflexos habituais de apego a sensações e histórias, e também de querer afastá-las. Escolheu então ficar cara a cara com seu sofrimento. Sempre que você escolhe retornar à respiração na meditação, fortalece os músculos espirituais necessários para não se apegar ou se identificar com determinado enredo. Desenvolve a capacidade de estar consciente mesmo no meio de extremo desconforto. A própria postura da meditação é de estabilidade e abertura. Apegos ao eu e turbilhões de histórias e sensações difíceis continuam a surgir, mas você é capaz de permanecer despido e aberto em meio a isso.

A atenção aumenta, a consciência aguça e a aceitação do que é cria raízes.

Para Ando foi assim. Quando se trata de trauma de infância, a cura é uma jornada que dura a vida inteira; você não pode controlar o que vai desencadear memórias emocionais dolorosas, mas pode desenvolver meios hábeis de responder a elas. Após vários dias estressantes de permanência nua e aberta nessa paisagem desoladora, Ando foi almoçar na lanchonete onde viu um morador de rua. O homem — sujo e fedorento, incoerente, remexendo nos bolsos por dinheiro para pagar sua refeição — refletia o terror interior de desabrigo e abandono que ela sentira nos últimos dias. Sem hesitar, Ando disse à caixa: "Eu pago o almoço dele". Com esse simples ato espontâneo e anônimo, Ando sentiu o retorno da paz interior pela primeira vez em dias, e a sensação de abandono se dissipou.

O que mudou para Ando?

O que se abre para você quando seu próprio sofrimento encontra o sofrimento de outra pessoa?

Há um verso na liturgia para alimentar os espíritos famintos: "Compartilho sua angústia e ofereço-lhe esta comida, na esperança de saciar suas sedes e fomes". O fogo dos últimos dias forjara em Ando um coração intensamente receptivo ao sofrimento do homem desabrigado, iluminando sua angústia e humanidade compartilhadas. Havia muita gente na lanchonete, mas apenas Ando respondeu sem hesitação ao sofrimento diante dela. Ao alimentar o morador de rua, a própria Ando foi alimentada. Sua fome e minha fome não são uma, nem duas — o que você estiver sentindo, seja o que for, há alguém mais que também sente.

Então me mostre agora: como você alimenta seu espírito faminto?

❖ ❖ ❖

Qual é a parte insaciável em você? Pode convidá-la a entrar? Pagar o almoço do morador de rua não é um mero ato de caridade. Por que não?

Nomita vê os antepassados

Antes de você nascer
Antes de seus pais nascerem
Como você chama isso?

KOAN

Nomita visitava sua irmã no hospital quando cruzou com um estranho no corredor e viu uma longa coluna de ancestrais andando atrás dele.

"Ah", sussurrou para si mesma, "cada um de nós é uma combinação de nossos ancestrais." Ao longo do dia, sempre que olhava para as pessoas, via seus antepassados numa coluna sem fim atrás delas.

REFLEXÃO

O Mestre Zen Guishan disse certa vez a um discípulo: "Sou um monge velho e vou renascer em cem anos como búfalo na entrada do templo, e haverá cinco palavras no flanco do búfalo: *Monge Guishan, tal e tal*. Se você chamar esse búfalo de Monge Guishan, ele ainda é um búfalo. Se o chamar de búfalo, ele ainda é Monge Guishan tal e tal. Diga-me, como você o chama?"[70] De fato, que nome você dá a essa vida de completa conexão?

Quando minha irmã, meu irmão e eu conversamos sentados à mesa da cozinha, fico impressionada com o quanto somos parecidos em nossos maneirismos e tons de voz.

Nossos pontos de vista, hábitos e tendências são únicos para cada um de nós, mas há uma semelhança inconfundível. Lembro que outra irmã me fazia rir quando se queixava de nossa mãe porque os maneirismos dela — seu tom de voz, ritmo de fala e gestos — eram idênticos aos de mamãe. Mas será que ela conseguia ver isso?

A tradição Zen é rica em histórias sobre seus antepassados — cada um é *meu* ancestral, disseram-me. Cada um prometeu despertar para a Grande Questão de nascimento e morte e manter viva a vida desperta. No treinamento de koans Zen, você aprende a esgrimir livremente com os antepassados, fechando a lacuna entre você e Mestre Guishan, por exemplo. Exatamente aqui, neste instante, a festa coletiva de ancestrais segue a pleno vapor. Estão todos aqui, neste seu próprio corpo, cortando cenouras, varrendo o chão e dedilhando teclas de computador.

A vida de conexão completa convida a sorver de um só gole todo o monte bagunçado de antepassados. Por exemplo, quando a jornalista branca sulista Karen Branan investigou seus ancestrais, descobriu que no seio de sua família birracial um antepassado branco linchara um antepassado negro.[71] Diga-me, então, o que você herdou de fato? Quando minha irmã de darma Jishu morreu, eu me perguntei: *O que acontece agora com o voto dela de servir aos filhos dos pobres?* Ela trabalhara noite e dia para criar uma creche que incluísse crianças de todas as raças e faixas de renda. Então entendi: você e eu assumimos o voto; herdamos a paixão, o carinho e a capacidade altruísta do ancestral de servir aos outros. Herdamos a capacidade de responder às nossas próprias vidas com compaixão, clareza e intimidade. Herdamos o potencial de perceber quem realmente somos.

Quando Nomita viu as longas filas de ancestrais, percebeu que os antepassados estão sempre aqui. Hoje, através de testes de DNA, você pode descobrir com quem compartilha os mesmos genes. Quando uma de minhas alunas foi diagnosticada com câncer de mama, fez aconselhamento genético. Durante a sessão, foi guiada pela árvore de DNA de sua família, que incluía parentes de quem estava afastada há décadas. "Você sabe", ela disse, "todos eles estavam lá na sala comigo. Percebi que você pode renegar as pessoas, mas não pode chutá-las para fora da rede." Linhagens genéticas são uma coisa, mas diga-me, quem é que você vê e não reconhece como você mesmo? Um membro da família com quem você não fala mais? A mulher sem-teto que mora numa barraca ao lado de sua casa? A criança separada dos pais na fronteira? O membro de gangue com tatuagens na testa? E que tal sociedades e culturas inteiras contra as quais se pratica discriminação sistêmica? Diga-me: qual é a lacuna que precisa ser fechada?

◆ ◆ ◆

Quando olha no espelho, quem você vê? Onde estão os antepassados neste momento? O que você está deixando para outros como herança espiritual?

Notas

1. *Entangling Vines: A Classic Collection of Zen Koans*. Traduzido e anotado por Thomas Yuho Kirchner. Wisdom Publications, Somerville, MA, 2013, p. 134.
2. Maezumi, 'Taizan. *Appreciate Your Life: The Essence of Zen Practice*. Shambhala Publications, Boston, MA, 2001, p. 26.
3. *Moon in a Dewdrop: Writings of Zen Master Dogen*. Editado por Kazuaki Tanahashi. North Point Press, New York, NY, 1985, p. 75.
4. *The Diamond Sutra: The Perfection of Wisdom*. Traduzido e comentado por Red Pine. Counterpoint Press, Berkeley, CA, 2001, p. 27.
5. Kinnell, Galway. *Collected Poems. The Literary Estate of Galway Kinnell!*. Houghton Mifflin Harcourt Publishing Co., New York, NY, 2017, p. 556.
6. John 12:45 from *Good News Bible*. American Bible Society, Philadelphia, PA, 1976, p. 145.
7. *The Gateless Gate: The Classic Book of Zen Koans*. Traduzido e comentado por Zen master Koun Yamada. The University of Arizona Press, Tucson, AZ, 2004, p. 153.
8. MacInnes, Elaine. *The Flowing Bridge: Guidance on Beginning Zen Koans*. Wisdom Publications, Somerville, MA, 2007, p. 53.
9. Rumi. *"Story II" do The Masnavi, Book IV*. Traduzido e resumido em Masnavi-i Ma'navi, the Spiritual Couplets of Mauldnd Jalalu'd-din Muhammad Balkhi por Edward Henry Whinfield, 1898. Oxford University Press, UK, 2017.
10. *The Blue Cliff Record*. Traduzido por Thomas Cleary. Shambhala Publications, Boston, MA, 1977, p. 172.
11. Zen Master Dogen. *Beyond Thinking: A Guide to Zen Meditation*. Editado por Kazuaki Tanahashi. Shambhala Publications, Boston, MA, 2004, p. 5.
12. O budismo identifica nossa mente, ao lidar com objetos mentais, como nosso sexto sentido.
13. *"How to Answer a Knock on the Door."* wikiHow, updated 18 November 2018, wikihow.com/Answer-a-Knock-on-the-Door, acessado 26 March 2019.

14. *The Gateless Gate: The Classic Book of Zen Koans*. Traduzido e comentado por Zen master Koun Yamada. The University of Arizona Press, Tucson, AZ, 1997, p. 53.
15. Merton, Thomas. *Conjectures of a Guilty Bystander. The Abbey of Gethsemani*. Doubleday Religion, New York, NY, 1966, p. 73.
16. Shibayama, Zenkei. *Zen Comments on the Mumonkan: The Authoritative Translation, with Commentary, of a Basic Zen Text*. Traduzido por Sumiko Kudo. Harper & Row, New York, NY, 1974, p. 209.
17. Lusseyran, Jacques. *And There Was Light: The Extraordinary Memoir of a Blind Hero of the French Resistance in World War II*. New World Library, Novato, CA, 2014.
18. Sheng Yen. *Subtle Wisdom: Understanding Suffering, Cultivating Compassion Through Ch'an Buddhism*. Dharma Drum Publications, Elmhurst, NY, 1999, pp. 74-5.
19. Rohr, Richard. *Everything Belongs: The Gift of Contemplative Prayer*. The Crossroad Publishing Company, New York, NY, 2003, p. 19.
20. Hemingway, Ernest. *A Farewell to Arms*. Charles Scribner's Sons, New York, NY, 1929, p. 249.
21. *The Blue Cliff Record*. Traduzido por Thomas e J. C. Cleary. Prajna Press, Boulder, CO, 1978, p. 395.
22. O'Donohue, John. *Conamara Blues*. HarperCollins Publishers, New York, NY, 2001, p. 23.
23. Shibayama, Zenkei. *Zen Comments on the Mumonkan: The Authoritative Translation, with Commentary, of a Basic Zen Text*. Traduzido por Sumiko Kudo. Harper & Row, New York, NY, 1974, p. 10.
24. Xiangyan Zhixian, como citado por Eihei Dogen. *Treasury of the True Dharma Eye: Zen Master Dogen's Shobo Genzo*. Editado por Kazuaki Tanahashi. Shambhala Publications, Boston, lvIA, 2013, p. 444.
25. "David Grossman at the Joint Israeli-Palestinian Memorial Day Ceremony", *Call*, 19 April 2018, https://en.jcall.eu/featured/david-grossman-at-the-joint-israeli-palestinian-memorial-day-ceremony, acessado April 2018.
26. *The Record of Transmitting the Light: Zen Master Keizan's Denkoroku*. Traduzido por Francis Dojun Cook. Wisdom Publications, Somerville, MA, 2003, p. 29.
27. *Shobogenzo-zuimonki: Sayings of Eihei Do gen Zenji*. Recorded por Koun Ejo. Traduzido por Shohaku Okumura. Soto-shu Shumucho, Tokyo, Japan, 2004, p. 140.

[28] Chan Master Sheng Yen. *The Infinite Mirror: Commentaries on Two Chan Classics*. Shambhala Publications, Boston, MA, 1990, p. 35.
[29] *Book of Serenity: One Hundred Zen Dialogues*. Traduzido por Thomas Cleary. Lindisfarne Press, Hudson, NY, 1990, p. 352.
[30] Shibayama, Zenkei. *Zen Comments on the Mumonkan: The Authoritative Translation, with Commentary, of a Basic Zen Text*. Traduzido por Sumiko Kudo. Harper & Row, New York, NY, 1974, p. 99.
[31] Carroll, Lewis. *Through the Looking-Glass, and What Alice Found There*. The Pennyroyal Press, London, England, 1983, p. 23.
[32] Shibayama, Zenkei. *Zen Comments on the Mumonkan: The Authoritative Translation, with Commentary, of a Basic Zen Text*. Traduzido por Sumiko Kudo. Harper & Row, New York, NY, 1974, p. 140.
[33] Heschel, Abraham Joshua. *The Sabbath: Its Meaning for Modern Man*. Farrar, Straus & Giroux, New York, NY, 2005, p. 220.
[34] Dogen, Eihei. *Fukanzazengi*. Traduzido por Masao Abe e Norman Waddell. The Eastern Buddhist, Vol. VI, No. 2, 1973, p. 122.
[35] Um dos Lojong Slogan Cards intitulado *"The Seven Points of Training the Mind"*.
[36] Madnnes, Elaine. *The Flowing Bridge: Guidance on Beginning Zen Koans*. Wisdom Publications, Somerville, MA, 2007, p. 33.
[37] Boyle, Greg. *"Father Greg Boyle: I Thought I Could 'Save' Gang Members. I Was Wrong."* America Magazine: The Jesuit Review, 28 March 2017.
[38] Dogen, Eihei, "Genjo Koan." Traduzido por Robert Aitken e Kazuaki Tanahashi em *The Way of Everyday Life: Zen Master Dogen's Genjokoan*, e revisado por Taizan Maezumi e Francis Dojun Cook. Center Publications, Los Angeles, CA, 1978.
[39] Dogen Zenji, Eihei. *Dogen's Genjo Koan: Three Commentaries*. Counterpoint, Berkeley, CA, 2011, p. 223.
[40] Connelly, Ben. *Inside Vasubandhu's Yogacara: A Practitioner's Guide*. Wisdom Publications, Somerville, MA, 2016, p. 197.
[41] *"Samyutta Nikaya"* como aparece em Wes Nisker's *Buddha's Nature: A Practical Guide to Discovering Your Place in the Cosmos*. Bantam, New York, NY, 2000, p. 33.
[42] *"Heart Sutra,"* como aparece em *Infinite Circle:Teachings in Zen*, de Bernie Glassman. Shambhala Publications, Boston, MA, 2002, p. 3.
[43] Eliot, T. S. *Four Quartets*. Gardners Books, Eastbourne, UK, 2001, p. 43.

44 *Dogen's Extensive Record: A Translation of the Eihei Koroku*. Traduzido por Taigen Dan Leighton e Shohaku Okumura. Wisdom Publications, Somerville, MA, 2004, p. 349.

45 *The Lotus Sutra*. Traduzido por Burton Watson. Columbia University Press, New York, NY, 1993, p. 229.

46 Maezumi, Taizan. *Appreciate your Life: The Essence of Zen Practice*. Shambhala Publications, Boston, MA, 2001, p. 114.

47 Sokuo, Eto. *Zen Master Dogen as Founding Patriarch*. Traduzido por Shohei Ichimura. North American Institute of Zen and Buddhist Studies, Tokyo, Japan, 2001, p. 551.

48 Cacciatore, Joanne. *Bearing the Unbearable: Love, Loss, and the Heartbreaking Path of Grief*. Wisdom Publications, Somerville, MA, 2017, p. 174.

49 *The Blue Cliff Record*. Traduzido por Thomas e J.C. Cleary. Shambhala Publications, Boston, MA, 1992, p. 249.

50 *The Blue Cliff Record*. Traduzido por Thomas e J. C. Cleary. Prajna Press, Boulder, CO, 1978, p. 365.

51 *Ikkyu Sojun*, poema da morte que aparece em *Three Zen Masters: Ikkyu, Hakuin, Ryokan*. tradução de John Stevens, Kodansha International, New York, NY, 1993, p. 56.

52 O cântico de encerramento entoado todas as noites na sala de meditação Zen.

53 Preceito da Ordem Zen Peacemaker: Não elevar-se e culpar os outros.

54 Boyle, Greg. *Barking to the Choir: The Power of Radical Kinship*. Simon & Schuster, New York, NY, 2017, p. 132.

55 *"To You": Collection of Sayings por Kodo Sawaki*. Compilado por Uchiyama Kosho. Traduzido por Mvho Noelke e Reiho Haasch. Publicado em antaiji.org, website do Antai-ji Temple of Peace.

56 *The Blue Cliff Record*. Traduzido por Thomas e J. C. Cleary. Shambhala Publications, Boston, MA, 1977, p. 72.

57 *Zen Flesh, Zen Bones: A Collection of Zen and Pre-Zen Writings*. Compilado por Paul Reps. Doubleday & Company, Garden City, NY, p. 5.

58 Maezumi, Taizan. *Appreciate Your Life: The Essence of Zen Practice*. Shambhala Publications, Boston, MA, 2001, p. xi.

59 Dogen, Eihei. *Fukanzazengi*. Traduzido por Norman Waddell e Masao Abe. The Eastern Buddhist, Vol I, No. 2, 1973, p. 121.

60 Beck, Charlotte Joko. *Nothing Special: Living Zen*. HarperCollins, San Francisco, CA, 1994, p. 168. 266.

[61] Wick, Gerry Shishin. *The Book of Equanimity: Illuminating Classic Zen Koans*. Wisdom Publications, Somerville, MA, 2005, p. 63.

[62] *The Gateless Gate: The Classic Book of Zen Koans*. Traduzido e comentado por Zen master Koun Yamada. The University of Arizona Press, Tucson, AZ, 1979. p. 31.

[63] Mumon Roshi, Yamada. *Lectures on the Ten Oxherding Pictures*. Traduzido por Victor Sogen Hori. University of Hawaii Press, Honolulu, HI, 2004, p. 18.

[64] Chan Master Hui Hai. *Zen Teaching of Instantaneous Awakening*. Traduzido por John Blofeld. Buddhist Publishing Group, London, United Kingdom, 1992, p. 107.

[65] *The Blue Cliff Record*. Traduzido por Thomas e J. C. Cleary. Prajna Press, Boulder, CO, 1978, p. 583.

[66] Berry, Wendell. *Openings: Poems*. Harcourt, New York, NY, 1980.

[67] Coen, Ethan e Joel. *The Big Lebowski*. Gramercy Pictures, United States, 1998.

[68] *The Record of Transmitting the Light: Zen Master Keizan's Denkoroku*. Traduzido por Francis Dojun Cook. Center Publications, Los Angeles, CA, 1991, p. 190.

[69] Krishna Das. *Chants of a Lifetime: Searching for a Heart of Gold*. Hay House, Inc., Carlsbad, CA, 2010, p. 186.

[70] *Entangling Vines: A Classic Collection of Zen Koans*. Traduzido e anotado por Thomas Yiiho Kirchner. Wisdom Publications, Somerville, MA, 2013, p. 73.

[71] Eligon, John. *"Their Ancestors Were on Opposite Sides of a Lynching. Now, They're Friends."* The New York Times, May 4, 2018.

O selo eureciclo faz a compensação ambiental das embalagens usadas pela Editora Lúcida Letra.

Que muitos seres sejam beneficiados.

Para maiores informações sobre lançamentos da Lúcida Letra, cadastre-se em www.lucidaletra.com.br

Este livro foi impresso em julho de 2021, na gráfica da Editora Vozes, em papel Avena 80g, utilizando as fontes Sabon e Aleo.